JN005030

ゼロから話せる ルーマニア語

新装版

アンカ・フォクシェネアヌ／飯森伸哉

会話中心

三修社

まえがき

本書は，ルーマニア語を初めて学ばれる方たちに，その初歩の手ほどきをすることを目指した入門書です．本書では，日常会話で，まず必要になると思われる単語や表現をできる限り挙げるよう努めました．本書に載っている例文は，いわゆる教科書的なものは極力避け，ルーマニア語が話されている実際の場面を念頭に，何よりも実用性を優先して選んであります．

まずその言葉に慣れることが，その言葉を習得する第一歩です．最初は単語を並べるだけでもかまいません．多少の間違いを恐れず，まず学んだことを口にすることから始めてみましょう．

日本もルーマニアも長い歴史を持ち，すぐれた伝統と文化に恵まれています．日本人にとって，ルーマニア語は決して難しい言葉ではなく，興味が持てる言葉です．日本語と同じように詩的で，美しい言葉だ，と言えます．そんなルーマニア語に，本書を手がかりに，一人でも多くの方が関心を持ち，本腰を入れて取り組まれることを願っています．

本書の執筆にあたり，駐日ルーマニア大使館文化部の Andreea BUCNARU（アンドレア・ブクナル）さんにはテキストの全体に目を通していただき，貴重なご助言を賜りました．また，「いろいろな表現」の例文の作成は，Adriana STOICA（アドリアナ・ストイカ）さんのご助力に多くを負っています．この度の新装版にあたっては，Ramona ȚĂRANU（ラモーナ・ツァアラヌ）さんにご教示賜りました．とりわけ，編集部の菊池暁さんには，本書の完成まで，多大なご配慮を賜りました．記して，深甚の謝意を表します．

Anca FOCŞENEANU
飯森伸哉

もくじ

ダイアローグで学んでみよう ………… 15

本書の使い方

覚えるフレーズ

外国の人たちと接する場合，まず相手の国の言葉を話すことで，相互の親近感は生まれます．あなたがまだルーマニア語をよく知らなくても，二言，三言ルーマニア語を交えて話をすれば，ルーマニアの人たちにもきっと喜んでもらえるはずです．ここでは，あいさつから始めて，使用頻度の高い20のフレーズを選びました．遠慮やてらいは無用です．まず，このフレーズを実際に使うことから始めてみてください．

ダイアローグで学んでみよう

本書全体がそうですが，「Dialogul」の例文は，何よりも実用性を優先して選んであります．若干の修正はほどこしましたが，当地の人たちが話した言葉を転用した文がたくさんあります．また，みなさんが実際にルーマニア語を話す場面を想定し，そのために必要不可欠な知識を提供することを主眼としました。そのため文法の項目としては後で出てくるものが，前の課ですでに使われている場合がしばしばありますが，易から難へ進む構成であることは類書と同様です．

「いろいろな表現」では，「Dialogul」で扱った表現をさらに応用して使えるように，類似した例文を載せました．また，知っておいて欲しいと思われる表現も補って挙げてあります．

「この課のポイント」では，主題となっている表現および文法を，整理して説明しています．ルーマニア語の理解に役立ててください．また，初歩の手ほどきという本書の性格を考慮して，本書では半過去，関係代名詞などには触れていません．もちろん，これらは重要であり，知っていれば，少し難しい会話もできるのですが，次のステップで取り組んでいただくものとして，本書では割愛しました．条件法，またルーマニア語に独特な属格冠詞および形容冠詞などは，とりあげましたが，同じ理由から詳しい説明はしていません．受動態も扱っていません．ルーマニア語では，受動表現に再帰動詞（▸「Dialogul 19.」）を使うことが多く，まず再帰動詞の用法を学ぶことを優先しました．

文法編

ここでは，本編で取り上げた文法項目のまとめと，その少し立ち入った説明があります．必要に応じて参照してください．また，本編で取り上げることができなかった基本的語彙も挙げてあります．

ビジュアル・ルーマニア語

ここでは，利便性を考慮して，差し当たり使用頻度は高くなくても，本来知っておくべき基本的語彙を選んで，取り上げてあります．必要になったら，そのつど確認して，随時覚えていくようにしてください．

最後に発音について．ルーマニア語はだいたいローマ字読みができるので，発音は易しいと言えます．ただ，ルビのカタカナ表記は，できるだけ実際の発音に近づけてありますが，やや異なっている場合もあり，音声を聞いて，どのように発音されているか，確認してください．なお，音声には「Dialogul」は２回収録されています．２回目には各文の後にポーズが入っています．音声の後を追って，声に出して発声してみましょう．

音声ダウンロード・ストリーミング

①PC・スマートフォンで本書の音声ページにアクセスします。
https://www.sanshusha.co.jp/np/onsei/isbn/9784384060966/
②シリアルコード「06098」を入力。
③音声ダウンロード・ストリーミングをご利用いただけます。

覚える
フレーズ

Track 01

おはようございます！

Bună《ブナ》 dimineața《ディミネアツァ》!

「良い朝」の意味です．英語の ***Good morning!*** に当たります．朝起きてから，お昼まで使うことができます．男性に対しては **domnule**［ドムヌレ］，既婚の女性に対しては **doamnă**［ドアムナ］，未婚の女性に対しては **domnişoară**［ドムニショアラ］を後に付けると，よりていねいな感じになります．

Bună《ブナ》 dimineața《ディミネアツァ》, domnule《ドムヌレ》 / doamnă《ドアムナ》 / domnişoară《ドムニショアラ》.

※ **domnule, doamnă, domnişoară** は呼格という形です（→「文法編」P.114 ～ 115）．

Track 02

こんにちは！

Bună《ブナ》 ziua《ズィワ》!

「良い日」の意味です．英語の ***Good afternoon!*** と少し違う言い方ですね．お昼から日没まで使えます．また，別れる時にも言うことができます．学生が授業の後，教室から出る時，教師に対して言うことがあります．親しい間柄では **Bună!**［ブナ］か **Salut!**［サルト］と言うこともあります．

Track 03

こんばんは！

Bună《ブナ》 seara《セアラ》!

「良い晩」の意味です．英語の ***Good evening!*** と同じです．日没から夜中まで使うことができます．また，夜，別れる時は **Noapte bună!**［ノアプテ ブナ］と言いましょう．こちらは英語の ***Good night!*** に当たり，「おやすみなさい」の意味です．

Track 04

こんにちは（手にキスを）！

Sărut《サルト》 mâna《ムナ》!

女性に敬意を払うのがルーマニアの文化です．この文化の中で生まれた，とてもルーマニア的なあいさつと言えます．男性と女性が出会った時，男性が女性に対して言います．別れる時にも同じ言い方をします．とてもていねいなあいさつです．もともとは，実際に手にキスをする習慣がありました．今でも本当にキスをすることがあります．ルーマニアを訪問する女性はびっくりしないように，こうした習慣があることを知っておくのもよいかもしれませんね．

Track 05

さようなら！

La《ラ》 revedere!《レベデレ》

別れる時のあいさつです．**revedere** は「再会」の意味で，**La revedere!** は「再会を期して」が直訳です．電話の会話を終える時にも使います．若い人たちはよく **Pa!**〔パ〕とだけ言うことがあります．「じゃあ，また」くらいの意味です．また，昼なら **O zi bună!**〔オ ズィ ブナ〕「良い一日を！」，晩なら **O seară bună!**〔オ セアラ ブナ〕「良い晩を！」と言うことができます．メールの最後で，これらを書き添えることがよくあります．週末の前に別れる時は，**Week-end plăcut!**〔ウィークエンド プラクト〕と言うことができます．「良い週末を！」の意味で，英語とルーマニア語の混成表現です．

Track 06

ありがとう！　—　どういたしまして！

Mulțumesc!《ムルツメスク》 — Cu《ク》 plăcere!《プラチェレ》

Mulțumesc! は，**Mulțumesc foarte mult!**〔ムルツメスク フォアルテ ムルト〕と言うと，さらに感謝の度合いが強まります．**foarte mult**〔フォアルテ ムルト〕は「とてもたくさん」の意味です．ルーマニアでは，フランス語からきた **mersi**〔メルスィ〕を使うこともあります．「ありがとう！」と言われたら，**Cu plăcere!**〔ク プラチェレ〕「どういたしまして！」と答えましょう．

Track 07

ご機嫌いかがですか？

Ce《チェ》 mai《マイ》 faceți?《ファチェツィ》

知り合いに出会ったり，待ち合わせの相手が来た場合など，あいさつを交わした後で，このように聞くのが普通です．親しい間柄の相手なら，**Ce mai faci?** ［チェ マイ ファチ］と言います．どちらの場合も，**Bine, mulţumesc!** ［ビネ ムルツメスク］「元気です，ありがとう！」と答えましょう．

Track 08

失礼します／すみません！

Mă《マ》 scuzați!《スクザツィ》

知らない人に話しかける時や，混んでいるバスの中で通してもらいたい時などにこう言いましょう．また，謝る時にもこの表現を使うことができます．**Mă scuzaţi!** と謝られたら，**Nu-i nimic.**［ヌイ ニミク］「何でもありません」と答えるのを忘れずに．また，非礼を詫びる時は，**Îmi cer scuze.** ［ウミ チェル スクゼ］という言い方もできます．「お詫びします」の意味です．誘われたり，何かを頼まれたりして断る場合には **Îmi pare rău.** ［ウミ パレ ラウ］と言いましょう．「残念です」の意味です．**Mă scuzaţi!** と同じように「すみません」の意味でも使われます．

Track 09

まったく問題ありません

Nicio《ニチオ》 problemă.《プロブレマ》

英語の ***No problem.*** に当たります．知っていると，とても役に立ちます．また，前出の **Nu-i nimic.** を代わりに使うこともできます．さらに，似た表現に **Este în regulă.** ［イェステ ウン レグラ］があります．こちらは「大丈夫です」の意味です．

Track 10

乾杯／やあ，こんにちは！

Noroc!《ノロック》

ルーマニアの人たちが大好きな言葉です．もともとは「幸運」という意味ですが，「乾杯」の意味で使われます．パーティーや会食の席などで乾杯する時は，元気よくこう言いましょう．親しい男性どうしでは「やあ，こんにちは」の意味で使われることもあります．他にも，誰かがくしゃみをした時など「お大事に」の意味で使われます．

Track 11

おめでとうございます！

La《ラ》 mulți《ムルツィ》 ani《アニ》!

新年やクリスマス，復活祭のあいさつ，また誕生日や結婚式の祝辞など，いつでも使うことができます．また，「新年おめでとうございます！」には **Un An nou fericit!**［ウン アン ノウ フェリチト］，「クリスマスおめでとうございます！」には **Un Crăciun fericit!**［ウン クラチウン フェリチト］という言い方もあります．

Track 12

お願いします！

Vă《ヴァ》 rog《ログ》!

どんな場面でも，このフレーズを用いれば，礼を失することはありません．例えば，あなたが何か買いたい時，望むものを言ってから，**Vă rog!** と付け加えましょう．レストランで食事が終わって，支払いをしたい時は **Nota, vă rog!**［ノタ ヴァ ログ］と言います．「お勘定，お願いします」の意味です．**nota**［ノタ］は「勘定書」の意味です．親しい間柄の相手には **Te rog!**［テ ログ］と言います．

Track 13

なんとおっしゃいましたか？

Poftim?《ポフティム》

話し相手の言うことがよく聞きとれないことは，ままあることですが，言葉の習い始めはなおさらですね．そんな時は，こう聞き返しましょう．語尾を上げて言ってください．抑揚なしで言うと,「どうぞ」の意味になります．「どうぞ」の場合，**Poftiți!**〔ポフティツィ〕と言うこともできます．また，話し相手が話すのが速すぎる場合は，**Poftim? Vorbiți mai rar, vă rog!**〔ポフティム ヴォルビツィ マイ ラル ヴァログ〕と言いましょう．**vorbiți** は「話してください」, **mai rar** は「もう少しゆっくり」の意味です．

Track 14

はい／いいえ

Da.《ダ》 / Nu.《ヌ》

da〔ダ〕は英語の ***yes*** で肯定の場合，**nu**〔ヌ〕は ***no*** で否定の場合に使います．「イエス」か「ノー」かをはっきりさせるのは欧米人の特徴ですが，このことはもちろんルーマニアの人たちにも当てはまります．私たちもルーマニアの人たちと接する時は，はっきり気持ちを表しましょう．また，否定の疑問に対して肯定で答える時は **da** でなく，**ba da**〔バ ダ〕と言います．例えば，あなたが **Nu aveți timp?**〔ヌ アヴェツィ ティムプ〕「時間はありませんか？」と尋ねられて，時間があれば，**Ba da, am timp.**〔バ ダ アム ティムプ〕「いいえ，あります」と答えます．

Track 15

召し上がってください！

Poftă《ポフタ》 bună《ブナ》!

友人どうしなど，気心の知れた仲間と一緒の食事は，いつでも楽しいものですが，レストランや会食の席などで，出された食事を前にこう言えば，雰囲気はいっそう和やかになるはずです．

Track 16

おめでとう！

Felicitări《フェリチタリ》!

試験の合格や就職の決定，あるいは結婚など何か慶事を告げられた時のお祝いの言葉です．

前出の **La mulți ani!** と併せて，知っておいて欲しい表現です．

Track 17

はじめまして

Îmi《ウミ》 pare《パレ》 bine《ビネ》 de《デ》 cunoștință《クノシュティンツァ》.

誰かに紹介されたら，名乗った後で，笑顔を忘れずにこう言いましょう．あなたに対する相手の好感度がおおいに増すこと請け合いです．「知り合えてうれしいです」の意味です．

Track 18

あなたのおっしゃるとおりです

Aveți《アヴェツィ》 dreptate《ドレプタテ》.

話し相手の言ったことに同意し，あいづちを打つ時の表現です．例えば，天気の話題はあいさつ代わりとも言えますが，「暑く／寒くなりましたね？」と言われて，こう答えれば，「本当にそうですね」の意味合いになります．親しい間柄の相手であれば，**Ai dreptate.**〔アイ ドレプタテ〕と言います．

ルーマニア語とは

皆さんが今，学ぼうとしているルーマニア語はどんな言葉でしょうか？

ルーマニア語はフランス語，スペイン語，イタリア語，ポルトガル語と共に，ロマンス語というグループに属するラテン語起源の言葉です．ルーマニア語はルーマニアとモルドヴァ共和国の二つの国の公用語（モルドヴァではモルドヴァ語と呼称）です．二つの国を中心に，2,500 万人以上の人たちがルーマニア語を話しています．

ルーマニア人の歴史は遥かローマ時代までさかのぼるのですが，ルーマニアという国それ自体が歴史の舞台に登場したのは比較的新しいのです．1330 年，ワラキアという国が，今のルーマニアの南部に建国されました．その後，時を経ずして 1359 年に，今のルーマニアの北部にモルドヴァという国が建国されました．この二つの国は，しかし次の世紀には，当時バルカン半島にまで勢力を伸ばしつつあったオスマントルコの支配下に入ります．1859 年に，この二つの国が合同してルーマニアになりました．その独立が，正式に承認されたのは 1878 年のベルリン会議においてです．その後，1881 年にルーマニアは王制に移行，近代国家としての歩みが始まりました．そしてまた，国の歴史と同じように，ルーマニア語が初めて文献の形をとったのも，16 世紀と随分と遅いのです．

中世以前には，歴史の闇に埋もれていたルーマニアの人たちが話す言葉は，しかし他のどのロマンス語の言葉よりラテン語的です．他のロマンス語になく，ルーマニア語だけに残っているラテン語の単語が数多くあります．

文法には，さらに多くのラテン語の痕跡を見出すことができます．動詞はラテン語と同じように四種に分かれていて，主語の人称（「私」，「あなた」，「彼」etc.）に応じて変化します．形容詞は，名詞の性・数（後で学びますが，名詞に性があります）に応じて二つから四つまで形が変わります．形容詞の変化はラテン語の変化を継承したものです．ルーマニア語がラテン語の直系であることを証明する現象は，他にもたくさんあります．

ルーマニア語はまた，他のロマンス語と異なる，独自の変化を遂げました．ルーマニア語には，冠詞が四つあります．冠詞が四つあると言うと，それだけで驚かれる方もいるかもしれませんね．不定冠詞と定冠詞の他に，さらに属格冠詞と形容冠詞という冠詞があって，合わせて四つの冠詞を使い分けているのです．また，ルーマニア語では定冠詞が名詞の前でなく，後に付きます．これはバルカン半島諸言語にも見られる現象です．

さらに，ルーマニア語は，ラテン語より数は減りましたが，五つの格を残しています．後で学ぶことになりますが，格というのは名詞および冠詞の形を変えることで，文中における語の役割を示すという現象です．ドイツ語と同様の四つの格に加えて，ルーマニア語には，さらに呼格という格があります．人に呼びかける場合の形です．

ここまで読んできて，少しうんざりされた方もいるかもしれませんね．でも，四つの冠詞は，ルーマニア語に慣れるに従って，実に合理的であることがわかってきます．また，五つの格と言っても，呼格を使う場面は限られており，形そのものは簡単です．残りの四つの格もドイツ語のようにすべて変化するのではなく，人称代名詞を除けば，二つの格がそれぞれ同じ形なので，実際には二つの変化しかありません．見た目ほどややこしくはないのです．

また，ルーマニア語の変化には一定のスタイルがあって，このためとてもリズミカルな言葉になっています．変化の詳細に自信がなくても，慣れてくれば，自然に口をついて出てくるのがルーマニア語です．ルーマニア語は「習うより慣れよ」という格言が一番当てはまる言葉と言っても過言ではありません．

とはいえ，ラテン語ゆずりの多くの変化を保持して，独自の文法を発達させたルーマニア語は，最初はちょっと近づきがたい壁のように感じられるのは事実です．でも，特殊な文法にばかりこだわらなければ，ルーマニア語にも利点はたくさんあります．まず，ルーマニア語には英語やドイツ語のような煩雑な語順のルールはありません．比較的自由に文をつくることができるのです．主語も，あえて表記しません．

さらに，ルーマニア語は発音がとても簡単なのです．フランス語の鼻母音やドイツ語の変母音のように，私たちを悩ませる音はありません．注意を要するものはごくわずかです．まず，母音の「ア」には口を開けてはっきり発音する **A** と日本語のアより口をせまくして，あいまいに発音する **Ă** の二つがあります．「ウ」も唇をまるめてとがらせて発音する **U** と唇を横に引くようにして発音をする **Â**（ウディンア）とがあります．**Â** は語頭と語尾では **Î**（ウディンイ）と表記します．

子音には，私たち日本人には難しい音はありません．カ行音を表すのに，外来語以外は **k** が用いられず，**c** + **a**, **u**, **o** で表し，また **chi** で［キ］，**che** で［ケ］と発音するなど，いくつかルールがありますが，ほとんどローマ字読みができるものばかりです．**Ţ** や **Ş** のように，見なれないアルファベットも確かにあります．でも，前者は［ツ］，後者は［シュ］という発音で，発音そのものが難しいわけではありません．このように発音が簡単なことに加えて，ルーマニア語はまた，多くの場面で省略形を用いるため，話すのに四苦八苦するということもあまりありません．とても話し易いのです．

近年，ルーマニアに進出する日本企業も次第に増え，また商用などで日本を訪れるルーマニア人の数も増えてきました．さらにアニメなどの影響でしょうか，日本を留学先として選ぶ留学生の数も増えています．彼らは皆，日本人との交流を求めています．

求めれば，ルーマニア語を実際に使うことができる機会は増えてきています．彼らの日本語力や英語などに頼るのでなく，私たちもまた，ルーマニア語を理解するよう努めてみましょう．そうすれば，改めて言語を学ぶ効用が実感されるはずです．

UCRAINA
MOLDOVA
UNGARIA
SERBIA
BULGARIA
ROMÂNIA
Maramureș
Iași
Sighișoara
Brașov
Târgu Jiu
Delta Dunării
Marea Neagră
București
Constanța

ダイアローグで学んでみよう

Dialogul

1.

私はアナ・ポペスクです

Eu sunt Ana Popescu.

Track 19

〈空港で〉

Ana **Bună《ブナ》 ziua《ズィワ》!**

Sunteți《スンテツィ》 domnul《ドムヌル》 Takashi《タカシ》

Yamada《ヤマダ》?

Takashi **Da《ダ》.**

Ana **Eu《イェウ》 sunt《スント》 Ana《アナ》 Popescu《ポペスク》.**

Îmi《ウミ》 pare《パレ》 bine《ビネ》

de《デ》 cunoştință《クノシュティンツァ》.

Takashi **Şi《シ》 mie《ミエ》.**

アナ　こんにちは！　山田隆さんですね？

隆　はい．

アナ　私はアナ・ポペスクです．はじめまして．

隆　こちらこそ．

Sunteți domnul Takashi Yamada?	山田隆さんですね？

sunteți は，動詞 **a fi** ［ア フィ］「～である」の主語が「あなた」（尊称）の場合の形です（→「この課のポイント」）．疑問文です（→「この課のポイント」）．

Eu sunt Ana Popescu.	私はアナ・ポペスクです．

eu は「私は」の意味です．ここでは，強調のため主語が用いられていますが，ルーマニア語では，主語は強調する場合以外は，あえて表記しないのが普通です．**sunt** は動詞 **a fi** の主語が「私」の場合の形です（→「この課のポイント」）．

Îmi pare bine de cunoştinţă.	はじめまして．

「覚えるフレーズ」で出てきましたね．**îmi** は「私に」と言う意味で，**eu** の与格という形です．与格については「**Dialogul 16.**」で学びます．**pare** は **a părea** ［ア パレア］「（～のように）見える」の三人称単数形です．**bine** は，ここでは形容詞で「良い」の意味です。

Şi mie.	こちらこそ．

şi は「そして」の意味の接続詞．英語の ***and*** に当たります．ここでは「もまた」の意味で使われています．接続詞については「**Dialogul 5.**」で学びます．**mie** もやはり「私に」の意味で，**eu** の与格強形という形です．**Şi mie.** で，「私もまた」が直訳です．

いろいろな表現

Track 20

○ Ce《チェ》 profesie《プロフェスィエ》 aveți《アヴェツィ》?　ご職業は何ですか？

● Sunt《スント》 medic《メディク》.　私は医者です.

aveți［アヴェツィ］は，動詞 a avea［ア　アヴェア］「持つ」の，主語が尊称の場合の形です（→「この課のポイント」）．疑問詞 ce は「何」の意味で，英語の *what* に当たります．profesie は「職業」．medic は「医者」です．「医者」は doctor［ドクトル］と言うこともできます．「女医」は doctoriță［ドクトリッァ］と言います．ルーマニア語では，このように同じ職業・身分でも，男性か女性かで単語の形が異なります．そのつど，確認することが必要です．また，職業・身分を述べる場合，冠詞は付けません．

◇職業・身分は a fi ＋名詞 で表します．文例を次に挙げてみました．主語は一人称単数です．

①男性の場合：Sunt《スント》 student《ストゥデント》 / profesor《プロフェソル》 / funcționar《フンクツィオナル》.

私は 学生／教師／公務員 です.

②女性の場合：Sunt《スント》 studentă《ストゥデンタ》 / profesoară《プロフェソアラ》 / funcționară《フンクツィオナラ》.

私は 学生／教師／公務員 です.

○ Nu《ヌ》 sunteți《スンテツィ》 obosit《オボスィト》 / obosită《オボスィタ》?　疲れていませんか？

● Ba da《バダ》, sunt《スント》 puțin《プツィン》 obosit《オボスィト》 / obosită《オボスィタ》.　はい，少し疲れています.

nu は否定を表す副詞です．否定文については，「Dialogul 7.」で学びます．ba da は「覚えるフレーズ」（→ P.8）で言及しましたが，否定の疑問に対して肯定で答える場合に用います．obosit は「疲れた」の意味の形容詞．obosit は主語が男性名詞単数の場合の，obosită は主語が女性名詞単数の場合の形です．述語的用法（「～は～である」という用法）です．形容詞の述語的用法については，「Dialogul 9.」で学びます．puțin は「少ない」の意味で，数量を表す代名詞・形容詞ですが，ここでは副詞として使われています．

この課のポイント

動詞の活用①，疑問文のつくり方

●動詞の活用

動詞は主語の人称に応じて形が変わります．これを活用と言います．一人称は **eu**〔イェウ〕「私」，話し手です．二人称は話し相手で，二種類あります．**tu**〔トゥ〕「君は」は親称で，親しい間柄の相手に対して，**dumneavoastră**〔ドゥムネアヴォアストラ〕「あなたは」は尊称で，初対面や目上の相手に対して用います．**dumneavoastră** は尊称代名詞と言います．主語が尊称の場合，動詞の活用は二人称複数と同じ活用をします．三人称は **el**〔イェル〕「彼は」・**ea**〔ヤ〕「彼女は」で，話題となる人・物です．**eu** の複数は **noi**〔ノイ〕「私たちは」です．**tu** の複数は **voi**〔ヴォイ〕「君たちは」，**dumneavoastră** の複数は，やはり **dumneavoastră**「あなた方は」です．**el**・**ea** の複数は **ei**〔イェイ〕「彼らは」・**ele**〔イェレ〕「彼女らは」です．

ルーマニア語には規則的に活用する規則動詞と，不規則に活用する不規則動詞があります．この課では不規則動詞 **a fi** の変化について学びます．

※ルーマニア語では，「敬称」を「尊称」と呼んでいます．

◆不規則動詞 a fi の活用

a fi は「～である」の意味を表す，大切な動詞です．英語の ***be*** 動詞に当たります．**a fi** は不規則動詞です．

	主語が単数	主語が複数
一人称	**eu**《イェウ》 **sunt**《スント》 私は～である	**noi**《ノイ》 **suntem**《スンテム》 私たちは～である
二人称	**tu**《トゥ》 **eşti**《イェシュティ》 君は～である	**voi**《ヴォイ》 **sunteţi**《スンテツィ》 君たちは～である
三人称	**el**《イェル》 / **ea**《ヤ》 **este**《イェステ》 彼／彼女は～である	**ei**《イェイ》 / **ele**《イェレ》 **sunt**《スント》 彼ら／彼女らは～である

●疑問文のつくり方

ルーマニア語では，平叙文であっても疑問文であっても語順は変わりません．疑問文は文末をしり上がりに言います．疑問詞がある場合は，疑問詞を文頭に置きます．

動詞の原形には a が付く

ルーマニア語では，動詞の原形を挙げる場合，前置詞 **a**（英語の *to* に当たる）を付けます．

Dialogul 2.

これは日本のおみやげだよ

Acesta este un cadou din Japonia.

Track 21

〈アナの家の訪問〉

Ana **Bine《ビネ》 ai《アイ》 venit《ヴェニト》, Takashi《タカシ》!**

Takashi **Bine《ビネ》 te-am《テ アム》 găsit《ガスィト》! Acesta《アチェスタ》 este《イェステ》 un《ウン》 cadou《カドウ》 din《ディン》 Japonia《ジャポニア》 pentru《ペントル》 tine《ティネ》.**

Ana **Ce《チェ》 evantai《エヴァンタイ》 drăguț《ドラグツ》!**

Mulțumesc《ムルツメスク》 foarte《フォアルテ》 mult《ムルト》!

Takashi **Cu《ク》 plăcere《プラチェレ》.**

アナ　ようこそ隆！

隆　やあ，会えてうれしいよ！　これは君への日本からのおみやげだよ．

アナ　なんてかわいい扇子なの！　本当にありがとう！

隆　どういたしまして．

Bine ai venit!	ようこそ！

ai venit は複合過去という形で，動詞は **a veni**〔ア ヴェニ〕「来る」.「よく来ました」が直訳です．複合過去形については，「Dialogul 17.」で学びます．

Bine te-am găsit!	やあ，会えてうれしいよ！

am găsit も複合過去形です．動詞は **a găsi**〔ア ガスィ〕「見つける，（〜を）見て（〜であることを）知る」．**te** は「君を」の意味．対格という形です．対格については「Dialogul 18.」で学びます．「あなたが元気であることが分かりました」が直訳です．

Acesta este un cadou din Japonia pentru tine.	これは君への日本からのおみやげだよ．

acesta は「これ」の意味の指示代名詞です．形容詞としても使われます．指示代名詞については，「Dialogul 3.」で学びます．**cadou** は「プレゼント」の意味で，中性名詞です（→「この課のポイント」）．**un** は不定冠詞で，男性・中性名詞の単数形の前に置かれる時の形です．（→「この課のポイント」）．**din** は「〜から」の意味の前置詞．「日本」は，ルーマニア語では **Japonia** と言います．**pentru** は「〜のために」の意味の前置詞．**tine** は **tu** の対格強形という形です．

Ce evantai drăguţ!	なんてかわいい扇子なの！

Ce evantai drăguţ! は感嘆文です．ルーマニア語では，このように **ce** ＋形容詞 で，感嘆文をつくります．**evantai** は「扇子」の意味です．

Cu plăcere!	どういたしまして！

「覚えるフレーズ」を参照してください（→ P.4）．**cu** は，ここでは「〜と」の意味の前置詞．**plăcere** は「喜び」の意味です．

いろいろな表現

Track 22

Lucrez《ルクレズ》 la《ラ》 o《オ》 companie《コムパニエ》 din《ディン》 Bucureşti《ブクレシュティ》.
ブカレストの会社で働いています.

lucrez は a lucra [ア ルクラ]「働く」の一人称単数形です. o は不定冠詞で, 女性名詞の単数形の前に置かれる時の形です (→「この課のポイント」).

○ Uite《ウイテ》, acolo《アコロ》 e《イェ》 o《オ》 pisică《ピスィカ》! ほら, あそこに猫がいるわ!
● A《ア》, da《ダ》. Ce《チェ》 drăguță《ドラグツァ》 e《イェ》! あら, ほんと. なんて可愛いの!

uite は「ほら」の意味で, 間投詞. 英語の *Look!* に当たります. a uita [ア ウイタ] は「忘れる」の意味. 再帰動詞 a se uita [ア セ ウイタ] が「見る」の意味です. 再帰動詞については,「Dialogul 19.」で学びます. a se uita は英語の *look at* と同じで, 目的語の前に前置詞 **la** を置くことが必要です (→「文法編」P.131). e は a fi の三人称単数形 este の省略した形. ここでは「〜がいる」の意味で使われています. acolo「あそこに」は, 使用頻度の高い単語の一つです. 覚えておきましょう.

「ドラキュラの城」として名高いブラン城

名詞の性, 不定冠詞

●名詞の性

ルーマニア語の名詞は男性，女性，中性のいずれかの性に属しています．名詞に性があるというのは不思議な感じですが，これはあくまで文法上の決まりです．

●不定冠詞

名詞に付く冠詞の形は，性・数に応じて異なります．男性と女性で身につけるものが違うようなもの，と考えてください．不定冠詞は「あるひとつの，いくつかの」の意味で，不特定の名詞の前に置かれます．詳細については，「文法編」P.114 を参照してください．男性名詞と女性名詞では，用いられる不定冠詞の形が異なりますが，中性名詞は男性名詞と同じ形です．複数の場合，性による形の違いはなく，いずれの性でも **nişte** が用いられます．

男性名詞単数	中性名詞単数	女性名詞単数	複数
un《ウン》 **prieten**《プリエテン》 ある一人の男友達	**un**《ウン》 **creion**《クレヨン》 ある一本の鉛筆	**o**《オ》 **prietenă**《プリエテナ》 ある一人の女友達	**nişte**《ニシテ》 **camere**《カメレ》 いくつかの部屋

cameră［カメラ］「部屋」

マラムレシュ地方の代表的な木造教会．ブルサナ修道院

Dialogul 3.

すみません，これは5号車ですか？

Nu vă supăraţi, acesta este vagonul cinci?

Track 23

〈駅で〉

Ana **Takashi《タカシ》, avem《アヴェム》 un《ウン》 tren《トレン》 la《ラ》 ora《オラ》 unu《ウヌ》.**

Cumperi《クムペリ》 tu《トゥ》 bilete《ビレテ》?

Takashi **Da《ダ》.**

Ana **Între《ウントレ》 timp《ティムプ》, eu《イェウ》 cumpăr《クムパル》**

nişte《ニシテ》 ziare《ズィアレ》 şi《シ》 apă《アパ》 minerală《ミネララ》.

〈プラットフォームで〉

Ana **Nu《ヌ》 vă《ヴァ》 supăraţi《スパラツィ》, acesta《アチェスタ》 este《イェステ》 vagonul《ヴァゴヌル》 cinci《チンチ》?**

O《オ》 călătoare《カラトアレ》 **Da《ダ》.**

アナ　隆，列車は1時発よ．
切符を買っておいてもらえる？
隆　うん，いいよ．
アナ　私はその間に新聞を数紙とミネラルウォーターを
買っておくわ．

アナ　すみません．これは5号車ですか？
旅行者　ええ，そうです．

avem un tren la ora unu	列車は１時発よ

avem は **a avea**〔ア アヴェア〕「持つ」の一人称複数形です.

Cumperi tu bilete?	切符を買っておいてもらえる？

cumperi は **a cumpăra**〔ア クムパラ〕「買う」の二人称単数形です. **bilete** は **bilet**〔ビレト〕「切符」の複数形です. 名詞の複数形については,「Dialogul 10.」で学びます.

Track 24

鉄道の旅で

Un《ウン》 bilet《ビレト》 până《プナ》 la《ラ》 Braşov《ブラショヴ》, vă《ヴァ》 rog《ログ》!

ブラショフまで切符を一枚お願いします.

※ un は, ここでは基数詞で,「１」の意味です（→「文法編」P.107）.

Între timp, eu cumpăr nişte ziare şi apă minerală.	私はその間に新聞を数紙とミネラルウォーターを買っておくわ.

cumpăr は **a cumpăra**〔ア クムパラ〕「買う」の一人称単数形です. **nişte** は不定冠詞. 名詞の複数形の前に置かれる時の形です（→「Dialogul 2.」）. **ziare** は **ziar**〔ズィアル〕「新聞」の複数形です. **ziar** と併せて **revistă**〔レヴィスタ〕「雑誌」も覚えておきましょう.

Nu vă supăraţi, acesta este vagonul cinci?	すみません. これは５号車ですか？

vă supăraţi は再帰動詞 **a se supăra**〔ア セ スパラ〕「怒る」の二人称複数形で, **dumneavoastră** に対する命令形です.「怒らないでください!」が直訳です. 命令形については,「Dialogul 20.」を参照してください. **acesta** は「これ」の意味の指示代名詞です（→「この課のポイント」）. **acesta** の代わりに **ăsta**〔アスタ〕という形もよく使われます. **vagonul** は **vagon**〔ヴァゴン〕「車両」に定冠詞 **-ul** が付いた形です.

いろいろな表現

Track 25

○ Ce《チェ》 credeți《クレデツィ》 despre《デスプレ》 cartea《カルテア》 aceasta《アチェアスタ》? この本をどう思いますか？

● Cred《クレド》 că《カ》 este《イェステ》 interesantă《インテレサンタ》. おもしろいと思います.

credeți は a crede [ア クレデ]「思う」の，主語が尊称の場合の形です．このように，疑問詞 ce と a crede をいっしょに用いて話し相手の意見を求めます．că を従属接続詞と言い，că が導く文を従属節と言います（→「Dialogul 18.」)．cartea は carte [カルテ]「本」に定冠詞 -a が付いた形です．aceasta は，ここでは形容詞として使われています．女性名詞の単数形の後に置かれる時の形です（→「この課のポイント」)．cred は同じ a crede の一人称単数形です．a crede の他にも，că で導かれる従属節を伴ってよく使う動詞に a spera [ア スペラ]「望む」があります．例えば，Sper că sunteți bine. [スペル カ スンテツィ ビネ] と言えば，「お元気でお過ごしのことと思います」の意味です．手紙やメールでよく用いられる決まり文句です．

また，interesant（男性形）ような，感想を求められた時に使う形容詞と併せて，成否の判断を述べる時に使う形容詞 greșit [グレシト]「間違った」や corect [コレクト]「正しい」なども覚えておくと便利です．

○ Cât《クト》 durează《ドゥレアザ》 drumul《ドゥルムル》 cu《ク》 trenul《トレヌル》 de《デ》 la《ラ》 București《ブクレシュティ》 până《プナ》 la《ラ》 Brașov《ブラショヴ》?

ブカレストからブラショフまで列車でどれくらいかかりますか？

● Durează《ドゥレアザ》 cam《カム》 două《ドウア》 ore《オレ》. 約２時間です．

cât は「いくつ」の意味の疑問詞ですが，ここでは「どのくらい長く」の意味で使われています．durează は a dura [アドゥラ]「時間がかかる」の三人称単数形です．drumul は drum [ドゥルム]「道」に，trenul は tren にそれぞれ定冠詞 -ul が付いた形です．de la ... は前置詞 de と la の組み合わせ，până la ... は前置詞 până と la の組み合わせで，それぞれ「～から」「～まで」の意味です．前置詞 cu は，ここでは「～で」の意味で，手段を表しています．cam は「約」の意味です．

指示代名詞，動詞の活用②

●指示代名詞

acesta「これ」や **acela**「あれ」は指示代名詞と言います．指示代名詞は形容詞としても用いられます．名詞の後に置かれる場合と前に置かれる場合があります．名詞の後に置かれる場合，形は指示代名詞と同じですが，名詞の前に置かれる場合，形が異なります．例：**lucrul acesta/acest lucru**［ルクルル アチェスタ／アチェスト ルクル］「この件」．後者の例では，定冠詞（→「Dialogul 4.」）が付きません．

	男性・中性単数	女性単数	男性複数	女性・中性複数
これ	**acesta**《アチェスタ》	**aceasta**《アチェアスタ》	**aceștia**《アチェシュティア》	**acestea**《アチェステア》
あれ	**acela**《アチェラ》	**aceea**《アチェーア》	**aceia**《アチェヤ》	**acelea**《アチェレア》

●動詞の活用

ルーマニア語の規則動詞は，語尾の形によって第 1 活用動詞，第 2 活用動詞，第 3 活用動詞，第 4 活用動詞の四つのグループに分かれています．詳細については，「文法編」P.118 ～ 120 を参照してください．第 1 活用動詞と第 4 活用動詞は，一人称単数形によって，それぞれ a タイプと b タイプに分かれています．また，「Dialogul 1.」で扱った **a fi** のように，不規則に活用する不規則動詞があります．

◆第 1 活用動詞 a タイプの活用　a cumpăra［ア クムパラ］の例

第 1 活用動詞は，語尾が **-a** で終わる動詞です．第 1 活用動詞は，a と b の二つのタイプに分かれています．一人称単数の活用語尾が無語尾のものは a タイプに分類されます．

	主語が単数	主語が複数
一人称	**eu**《イェウ》 **cumpăr**《クムパル》	**noi**《ノイ》 **cumpărăm**《クムパラム》
二人称	**tu**《トゥ》 **cumperi**《クムペリ》	**voi**《ヴォイ》 **cumpărați**《クムパラツィ》
三人称	**el / ea**《イェル／ヤ》 **cumpără**《クムパラ》	**ei / ele**《イェイ／イェレ》 **cumpără**《クムパラ》

Dialogul

4.

日本大使館はどこですか？

Unde este ambasada Japoniei?

Track 26

Takashi **Mă《マ》 scuzaţi《スクザツィ》, unde《ウンデ》 este《イェステ》 ambasada《アムバサダ》 Japoniei《ジャポニエイ》?**

O《オ》 trecătoare《トレカトアレ》 **Mergeţi《メルジェツィ》 drept《ドレプト》 înainte《ウナインテ》 şi《シ》 la《ラ》 prima《プリマ》 intersecţie《インテルセクツィエ》 faceţi《ファチェツィ》 la《ラ》 stânga《ストゥンガ》!**

Pe《ペ》 colţ《コルツ》 este《イェステ》 o《オ》 bancă《バンカ》 BRD《ベレデ》.

Ambasada《アムバサダ》 este《イェステ》 lângă《ルンガ》 bancă《バンカ》.

Takashi **Mulţumesc《ムルツメスク》!**

隆　すみません，日本大使館はどこですか？

通行人　ここをまっすぐ行ってください，それから最初の交差点を左に曲がってください！　角にベレデ銀行があります．大使館はその（銀行の）そばです．

隆　ありがとう！

Unde este ambasada Japoniei?	日本大使館はどこですか？

unde は,「どこ」の意味の疑問詞です．まず覚えて欲しい単語の一つです．**este** は **a fi** の三人称単数形．ここでは「ある」の意味で使われています．ちなみに，所在を表す場合，**a se afla**［ア セ アフラ］という再帰動詞もよく使います．例えば,「近くに薬局はありますか？」と尋ねたい場合は，**Se află o farmacie în apropiere?**［セ アフラ オ ファルマチエ ウン アプロピエレ］と言います．**ambasada** は **ambasadă**［アムバサダ］「大使館」に定冠詞 **-a** が付いた形です．語末が **-ă** の女性名詞に定冠詞が付く場合，**-ă** を取って **–a** を付けます（→「この課のポイント」)．**Japoniei** は **Japonia** の属格です．属格については,「Dialogul 15.」で学びます．

Mergeți drept înainte și la prima intersecție faceți la stânga!	ここをまっすぐ行ってください，それから最初の交差点を左に曲がってください！

mergeți は **a merge**［ア メルジェ］「行く」の二人称複数形で，**dumneavoastră** に対する命令形です．**drept înainte** は「ここをまっすぐ」の意味．決まり文句として覚えてしまいましょう．**faceți** は **a face**［ア ファチェ］「する，つくる」の二人称複数形で，やはり **dumneavoastră** に対する命令形です．**a face** は「曲がる」の意味でも使われます．**la stânga** と共に用いて「左折する」の意味になります.「右折する」の場合は **la dreapta**［ラ ドレアプタ］「右に」を共に用います．**prima** は「最初の」の意味の序数詞です（女性形，→「文法編」P.108).

Ambasada este lângă bancă.	大使館はその（銀行の）そばです．

lângă は「～のそば，傍らに」の意味です．**BRD** は **Banca Română de Dezvoltare**［バンカ ロムナ デ デズヴォルタレ］「ルーマニア興業銀行」の省略した形です．

Track 27

場所の話題で

aproape《アフロアペ》 **de**《デ》 **aici**《アイチ》 ここから近い　**departe**《デパルテ》 **de**《デ》 **aici**《アイチ》 ここから遠い

※ **aici** は「ここに」の意味．日常会話で，まず必要となる単語の一つです．

いろいろな表現

Track 28

○ Unde《ウンデ》 locuiți《ロクイツィ》?　あなたはどこに住んでいますか？

● Locuiesc《ロクイエスク》 în《ウン》 Bucureşti《ブクレシュティ》.　私はブカレストに住んでいます．

locuiți は a locui［ア ロクイ］「住む」の，主語が尊称の場合の形です．locuiesc は同じ a locui の一人称単数形です．în は「～の中に」の意味の前置詞で，場所を表しています．

○ De《デ》 unde《ウンデ》 sunteți《スンテツィ》?　どこからいらっしゃいましたか？

● Sunt《スント》 din《ディン》 România《ロムニア》.　ルーマニアから来ました．

de は「～から」の意味の前置詞です（→「この課のポイント」）．出身地を具体的に述べる時は，「～から」は din を用います．ちなみに，男性のルーマニア人は român［ロムン］，女性のルーマニア人は româncă［ロムンカ］と言います．

位置を表す前置詞・前置詞句

pe《ペ》　～の上に　　**sub**《スブ》　～の下に

în《ウン》 **fața**《ファツァ》　～の前に　　**în**《ウン》 **spatele**《スパテレ》　～の後ろに　　**între**《ウントレ》　～の間に

pe《ペ》 **masă**《マサ》　机の上に　　**sub**《スブ》 **masă**《マサ》　机の下に

în《ウン》 **fața**《ファツァ》 **hotelului**《ホテルルイ》　ホテルの前に

în《ウン》 **spatele**《スパテレ》 **hotelului**《ホテルルイ》　ホテルの後ろに

între《ウントレ》 **spital**《スピタル》 **şi**《シ》 **poştă**《ポシュタ》　病院と郵便局の間に

※ **hotelului** は，**hotel**［ホテル］「ホテル」に定冠詞 **-ul** が付いた形 **hotelul** の属格です．

定冠詞，前置詞

●定冠詞

不定冠詞については，「Dialogul 2.」で学びましたが，この課では定冠詞について学びます．ルーマニア語では，定冠詞が名詞の後に付きます．不定冠詞と同じように，名詞の性・数に応じて冠詞の形が違います．男性・中性名詞の単数には **-(u)l**，あるいは **–le** が付きます．**-le** が付くのは，語末が **-e** で終わる名詞です．女性名詞の単数形には **-a** が付きます．たくさんあって困りましたね．でも，単語とセットにして覚えていくと次第に頭に入ってきます．心配は無用です．表で整理してみました．

	無冠詞の場合	定冠詞付きの場合
男性名詞	**bărbat**《バルバト》 男	**bărbatul**《バルバトゥル》
男性名詞（語末が **-e**）	**munte**《ムンテ》 山	**muntele**《ムンテレ》
中性名詞	**oraş**《オラシュ》 町	**oraşul**《オラシュル》
女性名詞	**casă**《カサ》 家　**femeie**《フェメイエ》 女　**stea**《ステア》 星	**casa**《カサ》　**femeia**《フェメイア》　**steaua**《ステアウア》

女性名詞に定冠詞が付く場合，語末によって付き方が違います．語末が **-ă** のものは，**-ă** を取って **-a** を付けます．語末が **-e** のものは，**-e** を取って **–a** を付けるものと，「Dialogul 3.」の「いろいろな表現」で出てきた **carte** のように，**-e** はそのままで，**-a** を付けるものがあります．語末が **-ea, -a** のものは，**-ua** を付けます．

●前置詞

前置詞は，読んで字のごとく名詞の前に置かれます．一つの意味だけで使われる前置詞は少なく，多くの場合，一つの前置詞が文脈に応じて異なる意味を持ちます．この課で出てきた **de**［デ］「～の，～から」，**la**［ラ］「～で，～へ」のように，主たる意味が複数ある前置詞も多くあります．前置詞はまた，すでに見たように組み合わせる場合もあります（→ P.26）．また，後にくる名詞の格が前置詞によってそれぞれ決まっています．これを前置詞の格支配と言います．前置詞の格支配の詳細については，「文法編」P.128 ～ 129 を参照してください．

Dialogul

5.

いくらですか？

Cât costă?

Track 29

〈マクドナルドで〉

Vânzătoarea《ヴンザトアレア》 **Bună《ブナ》 ziua《ズィワ》. Ce《チェ》 doriți《ドリツィ》?**

Takashi **Un《ウン》 hamburger《ハンブルガル》 şi《シ》 o《オ》 înghețată《ウンゲツァタ》, vă《ヴァ》 rog《ログ》.**

Vânzătoarea **Aici《アイチ》 sau《サウ》 la《ラ》 pachet《パケト》?**

Takashi **La《ラ》 pachet《パケト》.**

Vânzătoarea **Altceva《アルトチェヴァ》?**

Takashi **Atât《アトゥト》. Cât《クト》 costă《コスタ》?**

Vânzătoarea **Opt《オプト》 lei《レイ》.**

女性店員　こんにちは．何になさいますか？

隆　ハンバーガー一つとアイスクリーム一つ，お願いします．

女性店員　店内でお召し上がりですか？　それともお持ち帰りですか？

隆　持ち帰りです．

女性店員　他に何か？

隆　それだけです．いくらですか？

女性店員　８レイです．

Ce doriți?	何になさいますか？

doriți は **a dori**［ア ドリ］「欲する」の，主語が尊称の場合の形です．

Un hamburger şi o îngheţată, vă rog.	ハンバーガー一つとアイスクリーム一つ，お願いします．

un と **o** は，前者が男性名詞の，後者が女性名詞の前に置かれる時の基数詞です（→「文法編」P.107）．ちなみに，「甘いもの」は **dulciuri**［ドゥルチュリ］と言います．**vă rog** は「覚えるフレーズ」で出てきましたね．**vă** は **voi** の対格で，ここでは **dumneavoastră** の対格として用いられています．「あなたを」の意味です．**rog** は **a ruga**［ア ルガ］「頼む」の一人称単数形です．

Aici sau la pachet?	店内でお召し上がりですか？　それともお持ち帰りですか？

「お持ち帰り」はルーマニア語では「パケット（包み）で」を意味する **la pachet** を使います．**sau** は「または」の意味です．

Altceva?	他に何か？

altceva は「何か他のもの」の意味です．**ceva**「何か，あるもの」と **alt**「別の」の合成語です．

Cât costă?	いくらですか？

値段を尋ねる表現 **Cât costă?** は，日常生活に欠かせない表現の一つです．疑問詞 **cât** は，このように「いくら」の意味でも使います．**costă** は **a costa**［ア コスタ］「〜の値段である」の三人称単数形です．

Track 30

買い物で役に立つ表現

prea《プレア》 **scump**《スクムプ》　値段が高すぎる　　**foarte**《フォアルテ》 **ieftin**《イェフティン》　値段がとても安い

※ **reducere**［レドゥチェレ］「割引」や **gratis**［グラティス］「無料の」なども覚えておくと役に立ちます．ちなみに，「値段」は **preț**［プレッ］と言います．

いろいろな表現

Track 31

○ Vorbiți《ヴォルビツィ》 limba《リムバ》 română《ロムナ》?　あなたはルーマニア語を話しますか？

● Nu《ヌ》 vorbesc《ヴォルベスク》 limba《リムバ》 română《ロムナ》, dar《ダル》 vorbesc《ヴォルベスク》 limba《リムバ》 engleză《エングレザ》.

私は，ルーマニア語は話せませんが，英語は話せます．

vorbiți は a vorbi ［ア ヴォルビ］「話す」の，主語が尊称の場合の形です．vor-besc は同じ a vorbi の一人称単数形です．dar は「しかし」の意味の接続詞で，英語の *but* に当たります．limba は limbă ［リムバ］ に定冠詞 -a が付いた形で，「～語」と言う時使います（→「文法編」P.112）.

外国語の学習で必携

dicționar《ディクツィオナル》　辞書

○ Eu《イェウ》 învăț《ウンヴァツ》 limba《リムバ》 română《ロムナ》.　私はルーマニア語を学んでいます．

● Și《シ》 eu《イェウ》.　私も．

învăț は a învăța ［ア ウンヴァツァ］「学ぶ」の一人称単数形です．

用件を追加する時に使う表現

Încă《ウンカ》 **un**《ウン》 **lucru**《ルクル》**.**　もう一件（お話したいことが）あります．

※ **încă** は「さらに」の意味です．

この課のポイント

接続詞，基数詞①，動詞の活用③

●接続詞

接続詞は，語と語，あるいは文と文をつなぎます．**şi**，**dar**，そして **sau** の三つの接続詞をまず覚えましょう．

●基数詞①：1 から 10 まで

英語の「ワン，ツー，スリー」は，ほとんど日本語になっている，と言ってもいいくらいですが，ドイツ語の「アインス，ツヴァイ，ドライ」やフランス語の「アン，ドゥ，トロワ」なども，どこかで聞かれたことがあると思います．いずれも「1，2，3」の意味ですが，ルーマニア語では **unu, doi, trei**「ウヌ，ドイ，トレイ」と言います．これも調子がいいですね．繰り返し口にして覚えましょう．まず 1 から 10 まで，基数詞を挙げておきます．

Track 32

1 **unu**《ウヌ》	2 **doi**《ドイ》	3 **trei**《トレイ》	4 **patru**《パトル》	5 **cinci**《チンチ》
6 **şase**《シャセ》	7 **şapte**《シャプテ》	8 **opt**《オプト》	9 **nouă**《ノウア》	10 **zece**《ゼチェ》

※ **unu** には，**una**［ウナ］，**doi** には，**două**［ドウア］（→ P.26）という女性形があります．詳細については，「文法編」P.107 を参照してください．

◆第 4 活用動詞 b タイプの活用　a dori［ア ドリ］「欲する」の例

語尾が **-i**，あるいは **î** で終わる動詞です．b タイプは，一人称単数・三人称複数の語尾が **-esc** になります．

	主語が単数	主語が複数
一人称	**eu**《イェウ》 **doresc**《ドレスク》	**noi**《ノイ》 **dorim**《ドリム》
二人称	**tu**《トゥ》 **doreşti**《ドレシュティ》	**voi**《ヴォイ》 **doriți**《ドリツィ》
三人称	**el**《イェル》 / **ea**《ヤ》 **doreşte**《ドレシュテ》	**ei**《イェイ》 / **ele**《イェレ》 **doresc**《ドレスク》

※第 4 活用動詞 a タイプの活用については，「文法編」P.120 を参照してください．

Dialogul 6.

今，何時？

Cât e ceasul acum?

Track 33

Takashi **Ana**《アナ》**, cât**《クト》 **e**《イェ》 **ceasul**《チャスル》 **acum**《アクム》**?**

Ana **E**《イェ》 **ora**《オラ》 **trei**《トレイ》**.**

Takashi **Trebuie**《トレブイエ》 **să**《サ》 **mă**《マ》 **duc**《ドゥク》 **la**《ラ》 **facultate**《ファクルタテ》**.**

Cursul《クルスル》 **de**《デ》 **limba**《リムバ》 **română**《ロムナ》 **începe**《ウンチェペ》 **la**《ラ》

ora《オラ》 **trei**《トレイ》 **şi**《シ》 **jumătate**《ジュマタテ》**.**

Ana **Bine**《ビネ》**.**

Eu《イェウ》 **mă**《マ》 **duc**《ドゥク》 **la**《ラ》 **librăria**《リブラリア》 **Cărtureşti**《カルトゥレシュティ》**.**

Mă《マ》 **întâlnesc**《ウントゥルネスク》 **cu**《ク》 **nişte**《ニシテ》 **prieteni**《プリエテニ》**.**

隆　アナ，今，何時？

アナ　３時よ．

隆　大学へ行かなくちゃ．ルーマニア語の講義が３時半からあるんだ．

アナ　分かったわ．私はカルトゥレシュティ書店へ行くわ．友達と待ち合わせているのよ．

Cât e ceasul acum?	今，何時？

acum は「今」の意味です．まず，覚えておきたい単語の一つです．**acum** はまた，時間的な「〜前」の意味でもよく使われます．例えば，「3年前」であれば，**acum trei ani** [アクム トレイ アニ] と言います．**Cât e ceasul?** は，時刻を尋ねる時の表現です（→「この課のポイント」）．

ora trei	3時

ora は **oră** [オラ]「時間」に定冠詞 **-a** が付いた形で，「〜時」の意味です（→「この課のポイント」）．

Trebuie să mă duc la facultate.	大学へ行かなくちゃ．

trebuie は **a trebui** [ア トレブイ]「〜しなければならない」の三人称単数形です．「〜しなければならない」という表現については，「Dialogul 19.」で学びます．**să mă duc** は再帰動詞 **a se duce** [ア セ ドゥチェ]「行く」の一人称単数形で，接続法という形です．接続法については，「Dialogul 14.」で学びます．

Cursul de limba română începe la ora trei şi jumătate.	ルーマニア語の講義が3時半からあるんだ．

cursul は **curs** [クルス]「講義」に定冠詞 **-ul** が付いた形です．**începe** は **a începe** [ア ウンチェペ]「始まる」の三人称単数形です．**la ora ...** は「〜時に」の意味．**jumătate**「半分」は「30分」の代わりに使われています（→「この課のポイント」）．

Mă întâlnesc cu nişte prieteni.	友達と待ち合わせているのよ．

mă întâlnesc は再帰動詞 **a se întâlni** [ア セ ウントゥルニ]「会う」の一人称単数形です．前置詞 **cu** を伴います（→「文法編」P.131）．**cu** は，ここでは「〜と」の意味で使われています．**prieteni** は **prieten** [プリエテン]「友達」の複数形です（→ P.55）．

いろいろな表現

Track 34

○La《ラ》 ce《チェ》 oră《オラ》 ne《ネ》 întâlnim《ウントゥルニム》 miercuri?《ミエルクリ》 水曜日，何時に会いますか？

●Ne《ネ》 întâlnim《ウントゥルニム》 la《ラ》 ora《オラ》 cinci《チンチ》 în《ウン》 fața《ファツァ》 cinematografului《チネマトグラフルイ》 Patria.《パトリア》 5時にパトリア映画館の前で会いましょう.

「何時に」と言う時は，ce と oră を共に用います．ne は再帰代名詞で，ここでは「お互いに」の意味で使われています．ne întâlnim は a se întâlni の一人称複数形です．「私たちは会います」は a vedea [ア ヴェデア]「見る，会う」を再帰動詞として用いて，Ne vedem. [ネ ヴェデム] と言うこともできます．

○Între《ウントレ》 ce《チェ》 ore《オレ》 este《イェステ》 deschisă《デスキサ》 biblioteca?《ビブリオテカ》
図書館はどの時間に開いていますか？

●Este《イェステ》 deschisă《デスキサ》 de《デ》 la《ラ》 nouă《ノウア》 până《プナ》 la《ラ》 şaptesprezece.《シャプテスプレゼチェ》
9時から17時まで開いています.

de la「～から」や până la「～まで」は，場所的な意味だけでなく（→ P.26），このように時間的な意味でも用いられます．deschisă は，形容詞 deschis [デスキス]「開いた」の主語が女性単数の場合の形です．反対の「閉まった」は închis [ウンキス]（男性形）と言います．

時を表す前置詞・前置詞句

peste《ペステ》 ～後に **după**《ドゥパ》 ～の後に **înainte**《ウナインテ》 **de**《デ》 **...** ～の前に

Cursul《クルスル》 **începe**《ウンチェペ》 **peste**《ペステ》 **două**《ドウア》 **săptămâni.**《サプタムニ》 講座は2週間後に始まります.

după《ドゥパ》 **masă**《マサ》 食事の後に **înainte**《ウナインテ》 **de**《デ》 **masă**《マサ》 食事の前に

時刻，日付・曜日

●時刻の表し方

a fi ＋ ora ＋数字 で時刻を表します．疑問詞 **cât** にいろいろな意味があることは，すでに見てきましたが，時刻を尋ねる場合にも，この **cât** を用います．**ceasul** は **ceas** ［チャス］「時計」に定冠詞 **-ul** が付いた形．**cât** と **ceasul** を共に用いて「何時？」の意味になります．

「～時」は ora です．「15 分」は **cincisprezece** ［チンチスプレゼチェ］の代わりに「4 分の 1」を意味する **un sfert** ［ウン スフェルト］を使うことができます．同様に，「30 分」も **treizeci** ［トレイゼチ］の代わりに「半分」を意味する **jumătate** ［ジュマタテ］を使うことができます．「～前」は，前置詞 **fără** ［ファラ］「～なしに」を使います．また，**ora** は省略されることがよくあります．

Track 35

Cât《クト》 **este**《イェステ》 **ceasul?**《チャスル》　何時ですか？

Este《イェステ》 **ora**《オラ》 **unu.**《ウヌ》　1 時です．

Este《イェステ》 **ora**《オラ》 **unu**《ウヌ》 **şi**《シ》 **zece.**《ゼチェ》　1 時 10 分です．

Este《イェステ》 **ora**《オラ》 **două**《ドウア》 **şi**《シ》 **un**《ウン》 **sfert.**《スフェルト》　2 時 15 分です．

Este《イェステ》 **ora**《オラ》 **trei**《トレイ》 **şi**《シ》 **jumătate.**《ジュマタテ》　3 時半です．

Este《イェステ》 **ora**《オラ》 **cinci**《チンチ》 **fără**《ファラ》 **zece.**《ゼチェ》　5 時 10 分前です．

●日付・曜日

① 日付：**Ce**《チェ》 **dată**《ダタ》 **e**《イェ》 **azi?**《アズィ》　今日は何日ですか？

E《イェ》 **5**《チンチ》 **iulie.**《ユリエ》　7 月 5 日です．

② 曜日：**Ce**《チェ》 **zi**《ズィ》 **e**《イェ》 **azi?**《アスィ》　今日は何曜日ですか？

E《イェ》 **vineri.**《ヴィネリ》　今日は金曜日です．

Dialogul

7.

ごめんなさい．できないわ

Îmi pare rău, nu pot

Track 36

Takashi **Ana《アナ》, poți《ポツィ》 să-mi《サミ》 corectezi《コレクテズィ》 tema《テマ》 la《ラ》 limba《リムバ》 română《ロムナ》?**

Ana **Îmi《ウミ》 pare《パレ》 rău《ラウ》, acum《アクム》 nu《ヌ》 pot《ポト》 pentru《ペントル》 că《カ》 mă《マ》 duc《ドゥク》 la《ラ》 dentist《デンティスト》.**

Am《アム》 programare《プログラマレ》 la《ラ》 ora《オラ》 trei《トレイ》 după《ドゥパ》-amiază《アミアザ》.

Ți-o《ツィオ》 corectez《コレクテズ》 mai《マイ》 târziu《トゥルズィウ》.

Takashi **Mulțumesc《ムルツメスク》.**

隆　アナ，僕のルーマニア語の宿題を直してくれない？

アナ　ごめんなさい．今はできないわ．歯医者に行くのよ．午後３時に予約してあるのよ．また後で，直してあげるわ．

隆　ありがとう．

Poţi să-mi corectezi tema la limba română?	僕のルーマニア語の宿題を直してくれない？

poţi は **a putea**［ア プテア］「～できる」の二人称単数形です．**a putea** は，このように依頼を表すことがあります（→「この課のポイント」）．**să corectezi** は **a corecta**［ア コレクタ］「修正する」の二人称単数形で，接続法です．**mi** は **îmi**［ウミ］「私に」の省略した形です．ルーマニア語では，このように人称代名詞や再帰代名詞の与格（→「Dialogul 16.」，「文法編」P.112 ～ 113，130 ～ 131）で，所有の意味を表すことがあります．**tema** は **temă**［テマ］「宿題」に定冠詞 **-a** が付いた形．**tema la limba română** で「ルーマニア語の宿題」の意味になります．

Îmi pare rău, ... nu pot pentru că mă duc la dentist.	ごめんなさい．… できないわ．歯医者に行くのよ．

nu は「～しない，～ではない」の意味の否定副詞です（→「この課のポイント」）．**pot** は **a putea** の一人称単数形です．**dentist**［デンティスト］は「歯医者」です．**pentru că ...** は「～ので」の意味．理由を述べる場合に用います．

Am programare la ora trei după-amiază.	午後３時に予約してあるのよ．

programare は「予約」の意味ですが，病院の予約の場合に使う単語です．

Ţi-o corectez mai târziu.	また後で，直してあげるわ．

ţi は **îţi**［ウツィ］「君に」の省略した形で，与格です．前出の **îmi** と同じように所有を表しています．**o** は **ea** の対格（→「Dialogul 18.」）で，「彼女を」の意味です．ここでは女性名詞の **tema** を受けています．**corectez** は **a corecta** の一人称単数形です．**târziu** は「遅い，遅く」の意味．**mai târziu** で「後で」の意味になります．

いろいろな表現

Track 37

○ Înţelegeţi《ウンツェレジェツィ》 limba《リムバ》 română《ロムナ》?　ルーマニア語は分かりますか？

● Nu《ヌ》, nu《ヌ》 înţeleg《ウンツェレグ》.　いいえ，分かりません．

înţelegeţi は a înţelege [ア ウンツェレジェ]「分かる，理解する」の，主語が尊称の場合の形です．「君」（親称）に対しては，Înţelegi? [ウンツェレジ]「分かる？」と言います．înţeleg は同じ a înţelege の一人称単数形です．また，Nu înţeleg. と併せて Nu ştiu. [ヌ シュティウ]「知りません」も覚えておくと役に立ちます．

○ Aveţi《アヴェツィ》 întrebări《ウントレバリ》?　質問はありますか？

● Nu《ヌ》, n-am《ナム》 nicio《ニチオ》 întrebare《ウントレバレ》.　いいえ，ありません．

întrebări は întrebare [ウントレバレ]「質問」の複数形です．n は nu の省略した形です．nicio は「一つも～ない」の意味です．否定形容詞と言います．否定形容詞は名詞の性に応じて形が異なります．nicio は女性名詞の単数形の前に置かれる時の形です（→「この課のポイント」）．「質問があります」は Am o întrebare. [アム オ ウントレバレ] です．

○ Vrei《ヴレイ》 să《サ》 bei《ベイ》 o《オ》 bere《ベレ》?　ビール飲むかい？

● Nu《ヌ》, mulţumesc《ムルツメスク》. Nu《ヌ》 beau《ベアウ》 băuturi《バウトゥリ》 alcoolice《アルコーリチェ》.
いいえ，けっこうよ．アルコールは飲まないの．

vrei は a vrea [ア ヴレア]「欲する」の二人称単数形です．să bei は a bea [ベア]「飲む」の二人称単数形で，接続法です．何かを勧められて断る場合は，Nu, mulţumesc. と言います．「ノーサンキュー」の意味です．băuturi は băutură [バウトゥラ]「飲み物」の複数形です．また，cafea [カフェア]「コーヒー」や ceai [チャイ]「お茶」，形容詞 rece [レチェ]「冷たい」，fierbinte [フィエルビンテ]「熱い」などといった単語も併せて覚えておきましょう．cu lapte [ク ラプテ]「ミルク入り」や fără zahăr [ファラ ザハル]「砂糖なし」などの表現も知っていると便利です．

この課のポイント

「～できる」という表現，否定文のつくり方

●「～できる」という表現

「～できる」という可能は，**a putea ＋動詞の接続法 / 動詞の原形** という形を用いて表します．例えば，**Puteți să veniți la ora cinci?**［プテツィ サ ヴェニツィ ラ オラ チンチ］と言えば，「５時に来られますか？」の意味です．また，「ダイアローグ」の例のように，「～できる」から転じて，依頼を表すこともあります．他にも，許可を表すことがよくあります．例えば，**Pot să deschid fereastra?**［ポト サ デスキド フェレアストラ］と言えば，「窓を開けてもいいですか？」の意味です．

◆第２活用動詞の活用　a putea の例

a putea は一人称・二人称単数形および三人称複数形で，語幹の母音 **u** が **o** に交替します．また，三人称単数形で，**u** が **oa** に交替します．

	主語が単数	主語が複数
一人称	**eu**《イェウ》 **pot**《ポト》	**noi**《ノイ》 **putem**《プテム》
二人称	**tu**《トゥ》 **poți**《ポツィ》	**voi**《ヴォイ》 **puteți**《プテツィ》
三人称	**el / ea**《イェル / ヤ》 **poate**《ポアテ》	**ei / ele**《イェイ / イェレ》 **pot**《ポト》

Track 38

可能性が問題になったら

Se《セ》 **poate.**《ポアテ》 多分.　　**Nu**《ヌ》 **se**《セ》 **poate.**《ポアテ》 あり得ません.

※ **Se poate.** は「できます」の意味で使われることもあります．

●否定文のつくり方

否定文は，動詞の前に否定副詞 **nu**「～しない，～ではない」を置いてつくります．何かが「一つも～ない」と言う場合，否定形容詞が用いられます．否定形容詞は性に応じて形が異なります．男性・中性名詞の単数形に応じた形は **niciun**，女性名詞の単数形に応じた形は **nicio** です．否定形容詞には複数形はありません．また，ルーマニア語では，否定形容詞が用いられた場合でも，**nu** を動詞の前に置きます（→「文法編」P.129 ～ 130）．

Dialogul 8.

私たちといっしょに映画に行く？

Vii cu noi la film?

Track 39

Ana **Takashi,**《タカシ》 **vineri**《ヴィネリ》 **seară**《セアラ》 **ai**《アイ》 **timp?**《ティムプ》

Takashi **Da,**《ダ》 **de**《デ》 **ce?**《チェ》

Ana **Eu**《イェウ》 **şi**《シ》 **Maria**《マリア》 **mergem**《メルジェム》 **la**《ラ》 **film.**《フィルム》

Vii《ヴィイ》 **cu**《ク》 **noi?**《ノイ》

Takashi **La**《ラ》 **ce**《チェ》 **film**《フィルム》 **mergeți?**《メルジェツィ》

Ana **Mergem**《メルジェム》 **la**《ラ》 **“Romeo**《ロメオ》 **şi**《シ》 **Julieta”.**《ジュリエッタ》

Ce《チェ》 **zici,**《ズィチ》 **vii?**《ヴィイ》

Takashi **Da,**《ダ》 **vin.**《ヴィン》 **Mulțumesc**《ムルツメスク》 **pentru**《ペントル》 **invitație.**《インヴィタツィエ》

アナ　隆，金曜日の夜，時間ある？

隆　うん．なぜ？

アナ　私とマリアは映画に行くのよ．私たちといっしょに来る？

隆　何の映画を観に行くの？

アナ　「ロミオとジュリエット」を観に行くの．どう？　来る？

隆　うん，行くよ．誘ってくれてありがとう．

Ai timp ?	時間ある？

ai は **a avea** の二人称単数形です（→「この課のポイント」）．**Eşti liber/ liberă?** 〔イェシュティ リベル / リベラ〕「君はひま？」という言い方もあります．反対の「忙しい」は **ocupat / ocupată** 〔オクパト / オクパタ〕です．こちらも日常会話でよく使う単語の一つです（形容詞の後者は女性形です）．

De ce ?	なぜ？

前置詞 **de** を疑問詞 **ce** の前に置くと，「なぜ」の意味になります．

Vii cu noi ?	私たちといっしょに来る？

vii は **a veni** 〔ア ヴェニ〕「来る」の二人称単数形です．「いっしょに」は，**împreună** 〔ウムプレウナ〕という単語もあり，これを共に用いることもできます．**noi** は対格強形です（→「Dialogul 18.」）．**cu mine** 〔ク ミネ〕と言えば，「私といっしょに」の意味です．

La ce film mergeți?	何の映画を観に行くの？

mergeți は **a merge** 〔ア メルジェ〕「行く」の，主語が尊称の場合の形です．

Ce zici ?	どう？

zici は **a zice** 〔ア ズィチェ〕「言う」の二人称単数形です．相手の意向を尋ねる表現です．

Da, vin. Mulțumesc pentru invitație.	うん，行くよ．誘ってくれてありがとう．

vin は **a veni** の一人称単数形です．日本語ではこのような場合，「行く」と言いますが，ルーマニア語では「来る」と言います．**invitație** は「招待」の意味です．

いろいろな表現

Track 40

○ Ce《チェ》 vârstă《ヴルスタ》 aveţi《アヴェツィ》?　お年はおいくつですか？

● Am《アム》 treizeci《トレイゼチ》 de《デ》 ani《アニ》.　30 歳です．

vârstă［ヴルスタ］は「年齢」という意味です．「お年はおいくつですか？」は Câţi ani aveţi?［クツィ アニ アヴェツィ］と尋ねることもできます．câţi は，疑問詞 cât「いくつ」(→ P.26) の，男性名詞の複数形に応じた形です．ani は an［アン］「年」の複数形です．このように，ルーマニア語では年齢を言う場合，a avea を用いて「年を持つ」という言い方をします．

ちなみに，a avea を emoţii［エモツィイ］と共に用いると，「緊張する」の意味になります．emoţii は emoţie［エモツィエ］「情緒，興奮」の複数形です．Am emoţii.［アム エモツィイ］と言えば，「緊張しています」の意味です．また，noroc［ノロック］「幸運」と共に用いれば，「幸運である」の意味になります．Am avut noroc.［アム アヴゥト ノロック］と言えば，「運が良かったです」の意味になります．

また，ルーマニア語では，20 以上の数詞が名詞と結び付く場合，この例のように名前の前に前置詞の de を置くことが必要です．「文法編」P.107 ～ 108 を参照してください．

頼みごとがある時はこのフレーズで

Am《アム》 **o**《オ》 **rugăminte**《ルガミンテ》**.**　お願いがあります．

○ Unde《ウンデ》 mergeţi《メルジェツィ》?　どこへおでかけですか？

● Merg《メルグ》 la《ラ》 cumpărături《クムパラトゥリ》.　買い物に行きます．

cumpărături は cumpărătură［クムパラトゥラ］「買い物」の複数形です．cumpărături の代わりに serviciu［セルヴィチウ］「仕事」を用いれば，「仕事に行く」，plimbare［プリムバレ］「散歩」を用いれば，「散歩に行く」の意味になります．

動詞の活用④

この課では不規則動詞 **a avea** と **a veni** の活用，および第 3 活用動詞の活用を学びます．

◆不規則動詞 a avea［ア アヴェア］「持つ」の活用

	主語が単数	主語が複数
一人称	**eu**《イェウ》 **am**《アム》	**noi**《ノイ》 **avem**《アヴェム》
二人称	**tu**《トゥ》 **ai**《アイ》	**voi**《ヴォイ》 **aveți**《アヴェツィ》
三人称	**el / ea**《イェル / ヤ》 **are**《アレ》	**ei / ele**《イェイ / イェレ》 **au**《アウ》

◆不規則動詞 a veni［ア ヴェニ］「来る」の活用

	主語が単数	主語が複数
一人称	**eu**《イェウ》 **vin**《ヴィン》	**noi**《ノイ》 **venim**《ヴェニム》
二人称	**tu**《トゥ》 **vii**《ヴィイ》	**voi**《ヴォイ》 **veniți**《ヴェニツィ》
三人称	**el / ea**《イェル / ヤ》 **vine**《ヴィネ》	**ei / ele**《イェイ / イェレ》 **vin**《ヴィン》

※ **a veni** は一人称，二人称，三人称の単数形および三人称複数形で，語幹の母音 **e** が **i** に交替します．

◆第 3 活用動詞（語尾が -e で終わる動詞）の活用　a merge［ア メルジェ］「行く」の例

	主語が単数	主語が複数
一人称	**eu**《イェウ》 **merg**《メルグ》	**noi**《ノイ》 **mergem**《メルジェム》
二人称	**tu**《トゥ》 **mergi**《メルジ》	**voi**《ヴォイ》 **mergeți**《メルジェツィ》
三人称	**el / ea**《イェル / ヤ》 **merge**《メルジェ》	**ei / ele**《イェイ / イェレ》 **merg**《メルグ》

Dialogul

9.

今日はなんて暑いんだ！

Ce cald e azi!

Track 41

Takashi **Ce《チェ》 cald《カルド》 e《イェ》 azi《アズィ》!**

Ana **În《ウン》 Japonia《ジャポニア》 nu《ヌ》 e《イェ》 cald《カルド》 vara《ヴァラ》?**

Takashi **Ba《バ》 da《ダ》, dar《ダル》 nu《ヌ》 ca《カ》 aici《アイチ》.**

Ana **Dar《ダル》 iarna《ヤルナ》 cum《クム》 e《イェ》 vremea《ヴレメア》?**

Takashi **Nu《ヌ》 e《イェ》 prea《プレア》 frig《フリグ》.**

隆　今日はなんて暑いんだ！
アナ　日本の夏は暑くないの？
隆　いいや暑いよ．でも，ここほどではないね．
アナ　冬の天気はどう？
隆　それほど寒くないよ．

Ce cald e azi!	今日はなんて暑いんだ！

ce cald ... ! は感嘆文です.

Track 42

天気の話題で役立つ表現①

S-a《サ》 **făcut**《ファクゥト》 **cald**《カルド》 **/ frig.**《フリグ》 暑く／寒く なりました.

(**a se face**［ア セ ファチェ］「～になる」)

Ba da.	いいや.

否定の問いに対して肯定で答える場合に使う表現でした.「覚えるフレーズ」をもう一度見てください.

Dar nu ca aici.	でも，ここほどではないね.

ca は「～のように」の意味の接続詞です. **ca de obicei**［カ デ オビチェイ］「いつものように」, **ca pe vremuri**［カ ペ ヴレムリ］「昔のように」など, **ca** を用いた，役に立つ表現がたくさんあります.

Dar iarna cum e vremea?	冬の天気はどう？

cum は「どのように」の意味の疑問詞です. **vremea** は **vreme**「天気」に定冠詞 **-a** が付いた形です.

Track 42

天気の話題で役立つ表現②

vreme《ヴレメ》 **frumoasă**《フルモアサ》 良い天気　**vreme**《ヴレメ》 **rea**《レア》 悪い天気

Nu e prea frig.	それほど寒くないよ.

「寒すぎない」が直訳です.「寒い」と併せて **răcoare**［ラコアレ］「涼しさ」も覚えておきましょう.

いろいろな表現

Track 43

○ Cum《クム》 va《ヴァ》 fi《フィ》 vremea《ヴレメア》 mâine《ムイネ》? 明日の天気はどうなりそう？

● Va《ヴァ》 ploua《プロウア》 şi《シ》 va《ヴァ》 bate《バテ》 vântul《ヴントゥル》.

雨が降りそうです．また風も吹きそうです．

va fi は未来形です（a fi）．va bate も同様に未来形です（a bate [ア バテ]「打つ」）．未来形については，「Dialogul 22.」で学びます．va ploua もやはり未来形です（a ploua [ア プロウア]「雨が降る」）．a bate は vântul と共に用いると，「風が吹く」の意味になります．vântul は vânt [ヴント]「風」に定冠詞 -ul が付いた形です．

また，他にも天気の話題で必ず出てくる ploaie [プロアイエ]「雨」，zăpadă [ザパダ]「雪」といった単語も覚えておきましょう．

○ Păreţi《パレツィ》 tânăr《トゥナル》 / tânără《トゥナラ》. あなたは若く見えますね．

● Mulţumesc《ムルツメスク》, dar《ダル》 de《デ》 fapt《ファプト》 nu《ヌ》 sunt《スント》 chiar《キャル》 aşa《アシャ》 de《デ》 tânăr《トゥナル》/ tânără《トゥナラ》.（形容詞の後者は女性形です）

ありがとうございます．でも本当は，それほど若くないんですよ．

păreţi は a părea の，主語が尊称の場合の形です．

de fapt は「本当は，本来は」の意味．知っていると便利な表現の一つです．chiar は，「まさに」の意味．aşa de の意味を強めています．

この課のポイント

形容詞の述語的用法

●形容詞の述語的用法（「～は～である」という用法）

形容詞には，名詞を修飾する用法と併せて，**a fi** などといっしょに用いる述語的用法（「～は～である」という用法）があります．どちらの場合も，名詞の性・数に応じて形が変わります．多くの形容詞が男性・中性単数，女性単数，男性複数，女性・中性複数の四つの形で変化します．形容詞は三つ，あるいは二つの形で変化するものもあります．また，変化しないものもあります（→「文法編」P.116 ～ 117）．四つの形で変化する場合，男性単数は無語尾，女性単数の語尾は **-ă**，男性複数の語尾は **-i**，女性複数の語尾は **-e** になります．中性は，単数で男性と，複数で女性と同じ変化をします．**amabil**〔アマビル〕「親切な」の例で，四つの変化の形を挙げてみました．

	単数	複数
男性	**amabil**《アマビル》	**amabili**《アマビリ》

	単数	複数
女性	**amabilă**《アマビラ》	**amabile**《アマビレ》

Track 44

◇人の身体的特徴・性格を **a fi** ＋形容詞 で表すことができます．文例をいくつか挙げておきます．①と②は，主語が一人称単数．③と④は，主語が三人称単数です．

① 男性の場合：**Sunt**《スント》 **gras**《グラス》 **/ slab**《スラブ》 **/ bătrân**《バトルン》**.**
私は 太って／痩せて／年をとって います．

② 女性の場合：**Sunt**《スント》 **grasă**《グラサ》 **/ slabă**《スラバ》 **/ bătrână**《バトルナ》**.**
私は 太って／痩せて／年をとって います．

③ 男性の場合：**Este**《イェステ》 **serios**《セリオス》**.** 彼はまじめです．

④ 女性の場合：**Este**《イェステ》 **serioasă**《セリオアサ》**.** 彼女はまじめです．

Track 45

すばらしい料理が出てきたらこのフレーズ

Mâncarea《ムンカレア》 **accasta**《アチェアスタ》 **pare**《パレ》 **gustoasă**《グストアサ》 **(bună**《ブナ》**)**. この料理おいしそう．

※主語が男性名詞の場合は **gustos**〔グストス〕，**bun**〔ブン〕になります．

Dialogul 10.

どこでもお好きなところにお座りください！

Luați loc oriunde doriți!

Track 46

〈レストランで〉

Ana **Mai《マイ》 sunt《スント》 mese《メセ》 libere《リベレ》 pe《ペ》 terasă《テラサ》?**

Ospătarul《オスパタルル》 **Da,《ダ》 toate《トアテ》 mesele《メセレ》 sunt《スント》 libere.《リベレ》**

Luați《ルアツィ》 loc《ロク》 oriunde《オリウンデ》 doriți!《ドリツィ》

Ana **Mulțumim.《ムルツミム》 Takashi,《タカシ》 hai《ハイ》 la《ラ》 masa《マサ》 aceea《アチェーア》 de《デ》 şase《シャセ》 persoane.《ペルソアネ》**

アナ　テラスの席は，まだ空いていますか？

ウェイター　ええ，席は全部空いていますよ．

どこでもお好きなところにお座りください！

アナ　ありがとう．隆，あの６人用の席にしましょうよ．

Mai sunt mese libere pe terasă?	テラスの席は，まだ空いていますか？

libere は形容詞 **liber** が女性名詞の複数形を修飾する時の形です．時間的な意味だけでなく（→「Dialogul 8.」），このように席などが「空いている」という意味でも使います．例えば，**Locul acesta este liber?**［ロクル アチャスタ イェステ リベル］と言えば「この席は空いていますか？」の意味です．**mese** は **masă** の複数形です．ちなみに，禁煙席は **la（pentru）nefumători**［ラ（ペントル）ネフマトリ］，喫煙席は **la（pentru）fumători**［ラ（ペントル）フマトリ］と言います．

Toate mesele sunt libere. Luați loc oriunde doriți!	席は全部空いていますよ．どこでもお好きなところにお座りください！

toate は，「すべての」の意味の形容詞 **tot**「トト」が女性名詞の複数形の前に置かれる時の形です．**tot** は代名詞としても使われます．**luați** は **a lua**［ア ルア］「取る」（→「この課のポイント」）の二人称複数形で，**dumneavoastră** に対する命令形です．**a lua** と **loc**［ロク］「場所」を共に用いて，「座る」の意味になります．「座る」は，「私たち」が主語の場合，再帰動詞 **a se așeza**［ア セ アシェザ］を用います．例えば，「私たちはどこに座りますか？」は，**Unde ne așezăm?**［ウンデ ネ アシェザム］と言います．**oriunde** は「どこでも」の意味．同類の単語に **orice**［オリチェ］「何でも」，**oricine**［オリチネ］「誰でも」などがあります．**doriți** は **a dori** の，主語が尊称の場合の形です．

Mulțumim. Takashi, hai la masa aceea de șase persoane.	ありがとう．隆，あの6人用の席にしましょうよ．

mulțumim は **a mulțumi** の一人称複数形です．**aceea** は「あの」の意味の指示形容詞．女性名詞の単数形の後に置かれる時の形です（→「Dialogul 3.」）．

いろいろな表現

Track 47

○ Unde《ウンデ》 luaţi《ルアツィ》 cina《チナ》?　夕食はどこでとりますか？

● De《デ》 obicei,《オビチェイ》 iau《ヤウ》 cina《チナ》 acasă.《アカサ》　たいてい家でとります.

a lua は，このように「食事する」という場合にも使います．cina ［チナ］「夕食」と共に用いて「夕食をとる」の意味になります．三食に関する表現については，「文法編」P.126 を参照してください．

○ Aici《アイチ》 este《イェステ》 centrul《チェントルル》 oraşului.《オラシュルイ》　ここが町の中心です.

● Sunt《スント》 multe《ムルテ》 clădiri《クラディリ》 înalte《ウナルテ》 şi《シ》 mulţi《ムルツィ》 oameni.《オアメニ》

高い建物がたくさんありますね．また，人も多いですね.

oraşului は oraş ［オラシュ］「町」に定冠詞 -ul が付いた形 oraşul の属格です．clădiri は clădire ［クラディレ］「建物」の複数形です．multe は数量を表す形容詞 mult ［ムルト］「多くの」が女性名詞の複数形の前に置かれる時の形です．mult のように，数量を表す形容詞は，名詞の前に置かれます（→ P.79）．mult は代名詞としても用いられます．înalte は，形容詞 înalt ［ウナルト］「高い」が女性名詞の複数形を修飾する時の形です．oameni は om ［オム］「人」の複数形です．mulţi は mult が男性名詞の複数形の前に置かれる時の形です．

ルーマニアのレストラン流儀

ルーマニアのレストランでは，支払いはレジでしません．ウェイターあるいはウェイトレスに Nota, vă rog! ［ノタ ヴァ ログ］「お勘定，お願いします」（→ P.7）と言います．そうするとカバーに挟んだ勘定書を渡されます．それに料金を入れて，机の上に置き，そのまま店を出るのが普通です．ぴったりした持ち合わせがない時は，多少多目に入れて，チップとすることもできますが，もちろんウェイターあるいはウェイトレスにその旨告げて，おつりをもらうこともできます．一般にルーマニアのウェイターやウェイトレスは，日本のように愛想よくしませんが，これは習慣の違いで，彼らが客に対するホスピタリティに欠けているということではありません.

動詞の活用⑤，名詞の複数形

●不規則動詞の活用

ルーマニア語は，不規則動詞の数は多くありません．**a fi, a avea, a veni** の活用については，すでに学びました．この課では **a lua** の活用について学びます．

◆不規則動詞 a lua ［ア ルア］「取る」の活用

	主語が単数	主語が複数
一人称	**eu**《イェウ》 **iau**《ヤウ》	**noi**《ノイ》 **luăm**《ルアム》
二人称	**tu**《トゥ》 **iei**《イェイ》	**voi**《ヴォイ》 **luați**《ルアツィ》
三人称	**el**《イェル》 / **ea**《ヤ》 **ia**《ヤ》	**ei**《イェイ》 / **ele**《イェレ》 **iau**《ヤウ》

●名詞の複数形

男性名詞の複数形の語尾は **-i** の語尾になります．中性名詞の複数形の語尾は **-e**, **-uri**，女性名詞の複数形の語尾は **-e**，**-i**，**-le**，**-uri** のいずれかの語尾になります．

	複数語尾	単数	複数
男性名詞	**-i**	**prieten**《プリエテン》 男友達	**prieteni**《プリエテニ》
中性名詞	**-e**	**oraş**《オラシュ》 町	**oraşe**《オラシェ》
中性名詞	**-uri**	**drum**《ドゥルム》 道	**drumuri**《ドゥルムリ》
女性名詞	**-e**	**fată**《ファタ》 少女	**fete**《フェテ》
女性名詞	**-i**	**floare**《フロアレ》 花	**flori**《フロリ》
女性名詞	**-le**	**stea**《ステア》 星	**stele**《ステレ》
女性名詞	**-uri**	**iarbă**《ヤルバ》 草	**ierburi**《イェルブリ》

※中性名詞の複数語尾には例外もあります．

Dialogul 11.

土曜日はたいてい何をするの？

Ce faci de obicei sâmbăta?

Track 48

Ana **Ce《チェ》 faci《ファチ》 de《デ》 obicei《オビチェイ》 sâmbăta《スムバタ》?**

Takashi **De《デ》 obicei《オビチェイ》, dimineața《ディミネアツァ》 fac《ファク》 cumpărături《クムパラトゥリ》, iar《ヤル》 după《ドゥパ》-amiaza《アミアザ》 fac《ファク》 sport《スポルト》.**

Ana **Ce《チェ》 sport《スポルト》 faci《ファチ》?**

Takashi **Dacă《ダカ》 este《イェステ》 timp《ティムプ》 frumos《フルモス》, joc《ジョク》 tenis《テニス》, dar《ダル》 dacă《ダカ》 plouă《プロウア》, stau《スタウ》 acasă《アカサ》.**

アナ　土曜日はたいてい何をするの？

隆　たいてい午前中は買い物をして，午後はスポーツをするんだ．

アナ　どんなスポーツ？

隆　天気が良ければ，テニスをするんだ．でも，雨が降ったら家にいるね．

Ce faci de obicei sâmbăta?	土曜日はたいてい何をするの？

faci は **a face** の二人称単数形です．**sâmbăta** は，**sâmbătă** 〔スムバタ〕「土曜日」に定冠詞 **-a** が付いた形で，「毎週土曜日」の意味．

dimineaţa fac cumpărături, iar după-amiaza fac sport.	午前中は買い物をして，午後はスポーツをするんだ．

fac は **a face** の一人称単数形．**cumpărături** と共に用いて，「買い物をする」の意味になります（→「この課のポイント」）．**sport** は「スポーツ」の意味で，**a face** と共に用いて，「スポーツをする」の意味になります．**dimineaţă** は「朝」を意味する単語ですが，「午前」の意味でも使います．**dimineaţa** は，前出の **sâmbăta** 同様に，**dimineaţă** に定冠詞 **-a** が付いた形で，「毎日午前」の意味．**după-amiaza** も，**după-amiază**「午後」に定冠詞 **-a** が付いた形で，「毎日午後」の意味．

Dacă este timp frumos, joc tenis, dar dacă plouă, stau acasă.	天気が良ければ，テニスをするんだ．でも，雨が降ったら，家にいるね．

dacă は「もし～ならば」の意味で，条件を表します．**timp** は，このように「時間」の意味だけでなく，「天気」の意味で使われることもあります．**joc** は **a juca** 〔ア ジュカ〕「（ゲーム・競技などを）する」の一人称単数形です．**stau** は **a sta** 〔ア スタ〕「立っている」の一人称単数形です．**acasă** と共に用いて「在宅する」の意味になります（→「この課のポイント」）．**acasă** は副詞で，「家で，家へ」の意味です（→ P.54）．「家の中に」と言う時は，**în casă** 〔ウン カサ〕．「戸外に」は **afară** 〔アファラ〕です．

いろいろな表現

Track 49

○ Ce《チェ》 părere《パレレ》 ai《アイ》 despre《デスプレ》 pălăria《パラリア》 mea《メア》 verde?《ヴェルデ》

私のこの緑の帽子はどう？

● Îți《ウツィ》 stă《スタ》 bine.《ビネ》 君によく似合っているよ.

părere は「意見」の意味です．mea は「私の」の意味の所有形容詞（→「Dialogul 12.」）．女性名詞の単数形の後に置かれる時の形です．a sta は，ここでは「似合っている」の意味で使われています．相手が素敵な身なりをしていると思ったら，気軽に Îți stă bine. と口にして，ほめてあげましょう．相手が「あなた」（尊称）の場合は Vă stă bine. になります．

○ Faceți《ファチェツィ》 excursii《エクスクルスィイ》 în《ウン》 străinătate?《ストライナタテ》 海外旅行はされますか？

● Da,《ダ》 uneori.《ウネオリ》 はい，時々．

excursii は excursie[エクスクルスィエ]「旅行」の複数形です．a face と共に用いて，「旅行をする」の意味になります．「旅行する」は，他に a călători［ア カラトリ］という動詞もあります．străinătate は「外国」の意味．ちなみに，「外国人」は străini「ストライニ」と言います．複数形です．străin / străină［ストライン / ストライナ］という言い方もありますが，こちらは単数形で「一人の男の外国人／一人の女の外国人」の意味です．「時々」は câteodată［クテオダタ］という単語もよく使います．

旅行する人や帰省・帰国する人には次のように言いましょう

Drum《ドゥルム》 **bun!**《ブン》 お元気でいってらっしゃい（道中ご無事で）！

この課のポイント

動詞の活用⑥, a face, a staを用いた慣用表現

●不規則動詞の活用

この課では不規則動詞 **a sta** の活用を学びます．同じ変化をする不規則動詞に **a da**［ア ダ］「与える」があります．

◆不規則動詞 a sta［ア スタ］「立っている」の活用

	主語が単数	主語が複数
一人称	**eu stau**《イェウ スタウ》	**noi stăm**《ノイ スタム》
二人称	**tu stai**《トゥ スタイ》	**voi stați**《ヴォイ スタツィ》
三人称	**el / ea stă**《イェル / ヤ スタ》	**ei / ele stau**《イェイ / イェレ スタウ》

● a face，a sta を用いた慣用表現

a face には，名詞や形容詞，副詞と共に用いた，たくさんの慣用表現があります．**duş**［ドゥシュ］「シャワー」を共に用いると，「シャワーを浴びる」の意味．**curat**［クラト］「清潔な」を共に用いれば，「掃除をする」の意味になります．また，**pauză**［パウザ］「休憩」と共に用いると「休憩をとる」の意味になります．**Să facem o pauză!**［サ ファチェム オ パウザ］「休憩にしましょう！」は決まり文句として覚えておくと便利です．

a sta を用いた慣用表現については，この課の「ダイアローグ」で出てきた **a sta acasă** の他に，差し当たり **a sta jos**［ア スタ ジョス］「座っている」と **a sta în picioare**［ア スタ ウン ピチオアレ］「立っている」を覚えておきましょう．例えば，**Bătrânii stau jos.**［バトルニイ スタウ ジョス］と言えば，「お年寄りたちは座っています」の意味．**Tinerii stau în picioare.**［ティネリイ スタウ ウン ピチオアレ］と言えば，「若者たちは立っています」の意味です．

位置を表す単語

sus《スス》 上に　**jos**《ジョス》 下に　**înainte**《ウナインテ》 前に　**înapoi**《ウナポイ》 後ろに

Dialogul
12.

兄からメールがきたんだ

Am primit un mail de la fratele meu

Track 50

Takashi **Am《アム》 primit《プリミト》 un《ウン》 mail《メイル》 de《デ》 la《ラ》 fratele《フラテレ》 meu.《メウ》**

Ana **Da?《ダ》 Ce《チェ》 mai《マイ》 face?《ファチェ》**

Takashi **E《イェ》 bine.《ビネ》 Vine《ヴィネ》 în《ウン》 România《ロムニア》 în《ウン》 septembrie.《セプテムブリエ》**

Vrea《ブレア》 foarte《フォアルテ》 mult《ムルト》 să《サ》 viziteze《ヴィズィテゼ》 castelul《カステルル》 Bran.《ブラン》

Acum《アクム》 citeşte《チテシュテ》 o《オ》 carte《カルテ》 despre《デスプレ》 Dracula.《ドラクラ》

隆　兄からメールがきたんだ.

アナ　そうなの？　彼は元気なの？

隆　うん，元気だよ．９月にルーマニアに来るんだ.

ブラン城にとても行きたいんだって.

彼は今，ドラキュラに関する本を読んでいるんだ.

Am primit un mail de la fratele meu.	兄からメールがきたんだ．

am primit は複合過去形です（**a primi**〔ア プリミ〕「受け取る」）．メールのやりとりの場合，**mesaj**〔メッサジ〕「知らせ」という単語もよく使います．「メールをありがとう」と言いたい時は，**Mulțumesc pentru mesaj.**〔ムルツメスク ペントル メッサジ〕です．**fratele**「兄弟」は，「兄」の場合と「弟」の場合がありますが（→ P.73），**mai mare**〔マイ アレ〕「より大きい」と **mai mic**〔マイ ミク〕「より小さい」を使って区別することもできます（→ P.98）．**meu** は「私の」の意味で，所有形容詞と言います（→「この課のポイント」）．**de la** は，この例のように発信人を示すためによく使われます

Ce mai face?	彼は元気なの？

face は **a face** の三人称単数形です．「覚えるフレーズ」で，**Ce mai faceți?** という言い回しが出てきましたが，**ce mai** と **a face** を共に用いると，調子を尋ねる表現になります．

Vrea foarte mult să viziteze castelul Bran.	ブラン城にとても行きたいんだって．

vrea は **a vrea** の三人称単数形です．**să viziteze** は **a vizita**〔ア ヴィズィタ〕「訪問する」の三人称単数形で，接続法です．ブラン城はブラショフ近郊にある古城．「ドラキュラの城」として有名です．

Acum citeşte o carte despre Dracula.	彼は今，ドラキュラに関する本を読んでいるんだ．

citeşte は **a citi**〔ア チティ〕「読む」の三人称単数形です．

いろいろな表現

Track 51

〈写真を見ながら〉

○ Acesta《アチェスタ》 este《イェステ》 tatăl《タタル》 dumneavoastră《ドゥムネアヴォアストラ》?

これはあなたのお父さんですか？

● Da《ダ》, este《イェステ》 tatăl《タタル》 meu《メウ》.　はい，私の父です．

「あなたは」（尊称）は dumneavoastră でしたが，「あなたの」と言いたい時も dumneavoastră を使うことができます．dumneavoastră は，格による変化（→P.75）はありません．tatăl は tată［タタ］「父」に定冠詞 -l が付いた形です．

○ Când《クンド》 vine《ヴィネ》 sora《ソラ》 ta《タ》 la《ラ》 Bucureşti《ブクレシュティ》?

君の妹さん（お姉さん）はいつブカレストに来ますか？

● Vine《ヴィネ》 miercurea《ミエルクレア》 viitoare《ヴィイトアレ》. Abia《アビャ》 aştept《アシュテプト》 să《サ》 o《オ》 văd《ヴァド》.

来週の水曜日に来ます．彼女に会うのを楽しみにしています．

vine は a veni の三人称単数形です．miercurea は miercuri に定冠詞 -a が付いた形です．一般的な話として述べる場合（→「Dialogul 11.」），そして，このように他の語とペアで用いる場合，曜日に定冠詞 -a を付けることが必要です．abia aştept は「楽しみにして待つ」（主語：「私」）という意味の決まり文句です．aştept は a aştepta［ア アシュテプタ］「待つ」の一人称単数形です．

◇感情・気持ちは a fi ＋形容詞 で表すことができます．文例をいくつか挙げておきます．主語は一人称単数です．

① 男性の場合：Sunt《スント》 fericit《フェリチト》 / trist《トリスト》.　私は うれしい／悲しい です．

② 女性の場合：Sunt《スント》 fericită《フェリチタ》 / tristă《トリスタ》.　私は うれしい／悲しい です．

また，日常会話でよく使う「驚きました」は，複合過去形で，Am fost surprins/surprinsă.［アム フォスト スルプリンス / スルプリンサ］と言います（形容詞の後者は女性形です）．

所有形容詞，動詞の活用⑦

●所有形容詞

ルーマニア語では，所有を表す場合に人称代名詞の属格と併せて，所有形容詞を用います．所有形容詞は通常，名詞の後に置かれます．所有形容詞は所有される名詞の性・数に応じて形が異なります．所有者が三人称の場合，口語では，たいてい人称代名詞の属格を用います．所有者が一人称・二人称の場合は，単数・複数共に人称代名詞が属格を欠いているため（→「文法編」P.112 ～ 113），所有形容詞を用います．また，所有形容詞と定冠詞をいっしょに用いるのは，ルーマニア語の特徴です．所有者が単数の所有形容詞の形を挙げておきます．所有者が複数の所有形容詞の形については，「文法編」P.127 を参照してください．

男性・中性単数	女性単数	男性複数	女性・中性複数
tatăl《タタル》 **meu**《メウ》 私の父	**mama**《ママ》 **mea**《メア》 私の母	**prietenii**《プリエテニイ》 **mei**《メイ》 私の男友達たち	**prietenele**《プリエテネレ》 **mele**《メレ》 私の女友達たち
tatăl《タタル》 **tău**《タウ》 君の父	**mama**《ママ》 **ta**《タ》 君の母	**prietenii**《プリエテニイ》 **tăi**《タイ》 君の男友達たち	**prietenele**《プリエテネレ》 **tale**《タレ》 君の女友達たち

※本書では，所有者が三人称の場合の所有形容詞は省略します．

◆第 1 活用動詞 b タイプの活用　a vizita ［ア ヴィズィタ］「訪問する」の例

「Dialogul 3.」ですでに見たように，第 1 活用動詞は，a と b の二つのタイプに分かれています．一人称単数の語尾が **-ez** になるものは b タイプに分類されます．

	主語が単数	主語が複数
一人称	**eu**《イェウ》 **vizitez**《ヴィズィテズ》	**noi**《ノイ》 **vizităm**《ヴィズィタム》
二人称	**tu**《トゥ》 **vizitezi**《ヴィズィテズィ》	**voi**《ヴォイ》 **vizitați**《ヴィズィタツィ》
二人称	**el**《イェル》 **/ ea**《ヤ》 **vizitează**《ヴィズィテアザ》	**ei**《イェイ》 **/ ele**《イェレ》 **vizitează**《ヴィズィテアザ》

Dialogul 13.

広いアパートを望んでいます

Vreau un apartament spațios

Track 52

Agentul《アジェントゥル》 *imobiliar*《イモビリアル》 **Ce**《チェ》 **fel**《フェル》 **de**《デ》 **apartament**《アパルタメント》 **căutați?**《カウタツィ》

Takashi **Vreau**《ヴレアウ》 **un**《ウン》 **apartament**《アパルタメント》 **spațios,**《スパツィオス》 **cu**《ク》 **două**《ドウア》 **camere.**《カメレ》

Agentul imobiliar **Avem**《アヴェム》 **un**《ウン》 **apartament**《アパルタメント》 **cu**《ク》 **două**《ドウア》 **camere,**《カメレ》 **mobilat,**《モビラト》 **în**《ウン》 **Piața**《ピアツァ》 **Romană.**《ロマナ》

Takashi **Cât**《クト》 **este**《イェステ》 **chiria?**《キリア》

Agentul imobiliar **500**《チンチ ステ》 **de**《デ》 **euro**《エウロ》 **pe**《ペ》 **lună.**《ルナ》

不動産屋　どんなアパートをお探しですか？

隆　二部屋の広いアパートを望んでいます.

不動産屋　ロマナ広場に二部屋で，家具付きのアパートがあります.

隆　家賃はいくらですか？

不動産屋　一ヵ月 500 ユーロです.

Ce fel de apartament căutați?	どんなアパートをお探しですか？

ce fel de は「どんな種類の」が直訳です．使用頻度の高い表現の一つです．**căutați** は **a căuta**［ア カウタ］「探す」の，主語が尊称の場合の形です．

Vreau un apartament spațios, cu două camere.	二部屋の広いアパートを望んでいます

vreau は **a vrea** の一人称単数形です．動詞の接続法を伴って，「〜したい」の意味でもよく使います（→「この課のポイント」）．**spațios** は「広い」の意味の形容詞です．

un apartament cu două camere, mobilat, în Piața Romană	ロマナ広場に二部屋で，家具付きのアパート

mobilat は「家具付きの」という意味の形容詞です．「家具」は **mobilă**［モビラ］と言います．

Cât este chiria?	家賃はいくらですか？

cât は，ここでは「いくら」の意味です（→「Dialogul 5.」）．**chiria** は **chirie**［キリエ］「家賃」に定冠詞 **-a** が付いた形です．自宅でなく，アパートを借りて住んでいる場合は，**Locuiesc într-un apartament închiriat.**［ロクイエスク ウントル ウン アパルタメント ウンキリアト］と言います．**închiriat** は「賃貸の」の意味の形容詞です．このように，前置詞 **în** と不定冠詞を共に用いた場合，**în** は **într** に変わります．

500 de euro pe lună	一ヵ月 500 ユーロです．

500 は **cinci sute**［チンチ ステ］と言います．**sute** は **sută**［スタ］「100」の複数形です（→「文法編」P.107）．**lună** の前に前置詞 **pe** が置かれると「一ヵ月に」という意味になります．

いろいろな表現

Track 53

〈郵便局で〉

Takashi: Aş《アシュ》 vrea《ヴレア》 să《サ》 trimit《トリミト》 scrisoarea《スクリソアレア》 aceasta《アチェアスタ》 în《ウン》 Japonia.《ジャポニア》

この手紙を日本に送りたいのですが.

Funcţionara: Opt《オプト》 lei,《レイ》 vă《ヴァ》 rog!《ログ》

8 レイお願いします.（funcţionara ［フンクツィオナラ］「郵便局員」）

aş vrea ... は「～したい」（主語：「私」）という時の決まり文句です（→「この課のポイント」）. 動詞の接続法を伴います. 知っていると，とても便利な表現の一つです. aş vrea だけで用いると,「～を欲しい」という意味になります. să trimit は a trimite ［ア トリミテ］「送る」の一人称単数形で，接続法です. scrisoarea は scrisoare ［スクリソアレ］「手紙」に定冠詞 -a が付いた形です.

〈両替所で〉

Aş vrea《アシュヴレア》 să《サ》 schimb《スキムブ》 100《オ スタ》 de《デ》 euro.《エウロ》

100 ユーロを両替したいんですが.

să schimb は a schimba ［ア スキムバ］「変える」の一人称単数形で，接続法です. a schimba は「両替する」の意味でも使います.

Takashi: Am《アム》 nevoie《ネヴォイエ》 de《デ》 mărunt.《マルント》 Ai《アイ》 să-mi《サミ》 schimbi《スキムビ》 cincizeci《チンチゼチ》 de《デ》 lei?《レイ》

小銭が必要なんだ. 50 レイ札をこまかくしてもらえる？

Ana: Da.《ダ》 Poftim《ポフティム》 cinci《チンチ》 bancnote《バンクノテ》 de《デ》 zece.《ゼチェ》

ええ. どうぞ 10 レイ札 5 枚よ.

am nevoie de ... は a avea nevoie de ...［ア アヴェア ネヴォイエ デ］「～が必要である」の一人称単数形です. よく使う表現の一つです. Ai să-mi schimbi cincizeci de lei? は「両替のための 50 レイを持っている？」が直訳です. mi は îmi の省略形で,「私に」の意味です（「→ Dialogul 16.」）. bancnote は bancnotă ［バンクノタ］「紙幣」の複数形です.

この課のポイント

動詞の活用⑧,「～したい」という表現,基数詞②

◆不規則動詞 a vrea［ア ヴレア］「欲する」の活用

a vrea は願望・希望を表します.

	主語が単数	主語が複数
一人称	**eu**《イェウ》 **vreau**《ヴレアウ》	**noi**《ノイ》 **vrem**《ヴレム》
二人称	**tu**《トゥ》 **vrei**《ヴレイ》	**voi**《ヴォイ》 **vreți**《ヴレツィ》
三人称	**el / ea**《イェル / ヤ》 **vrea**《ヴレア》	**ei / ele**《イェイ / イェレ》 **vor**《ヴォル》

●「～したい」という表現

「～したい」という願望・希望は, **a vrea** +動詞の接続法 や **a avea + vrea / dori** +動詞の接続法 という形を用いて表します. **aş vrea / dori** は一人称単数形です.

※ **aş vrea/dori** は条件法という形ですが, 条件法は本書では扱っていません. **a avea** は, 条件法の場合, **aş, ai, ar, am, ați, ar** と活用します.

Track 54

●基数詞②：11 以上

「100 万」までの例を次に挙げました. 詳細については,「文法編」P.107 ～ 108 を参照してください.

11 **unsprezece**《ウンスプレゼチェ》
12 **doisprezece**《ドイスプレゼチェ》
13 **treisprezece**《トレイスプレゼチェ》
14 **paisprezece**《パイスプレゼチェ》
15 **cincisprezece**《チンチスプレゼチェ》
16 **şaisprezece**《シャイスプレゼチェ》
17 **şaptesprezece**《シャプテスプレゼチェ》
18 **optsprezece**《オプトスプレゼチェ》
19 **nouăsprezece**《ノウアスプレゼチェ》
20 **douăzeci**《ドウアゼチ》
30 **treizeci**《トレイゼチ》
40 **patruzeci**《パトルゼチ》
50 **cincizeci**《チンチゼチ》
60 **şaizeci**《シャイゼチ》
70 **şaptezeci**《シャプテゼチ》
80 **optzeci**《オプトゼチ》
90 **nouăzeci**《ノウアゼチ》
100 **o sută**《オ スタ》
200 **două sute**《ドウア ステ》
1 000 **o mie**《オ ミエ》
2 000 **două mii**《ドウア ミイ》
10 000 **zece mii**《ゼチェ ミイ》
100 000 **o sută de mii**《オ スタ デ ミイ》
1 000 000 **un milion**《ウン ミリオン》

※「12」には, **douăsprezece**［ドウアスプレゼチェ］という女性形があります. また「200 万」は **două milioane**［ドウア ミリオアネ］と言います.

Dialogul

14.

復活祭の休みはどうするの？

Ce vrei să faci în vacanța de Paşte?

Track 55

Ana **Ce《チェ》 vrei《ヴレイ》 să《サ》 faci《ファチ》 în《ウン》 vacanța《ヴァカンツァ》 de《デ》 Paşte?《パシュテ》**

Takashi **Vreau《ヴレアウ》 să《サ》 merg《メルグ》 la《ラ》 Sighişoara《シギショアラ》 sau《サウ》 în《ウン》 Maramureş.《マラムレシュ》**

Ana **Ar《アル》 fi《フィ》 mai《マイ》 bine《ビネ》 să《サ》 mergi《メルジ》 în《ウン》 Maramureş.《マラムレシュ》**

Takashi **De《デ》 ce?《チェ》**

Ana **Pentru《ペントル》 că《カ》 acolo《アコロ》 sunt《スント》 obiceiuri《オビチェイウリ》 de《デ》 Paşte《パシュテ》 foarte《フォアルテ》 frumoase.《フルモアセ》**

アナ　復活祭の休みはどうするの？

隆　シギショアラかマラムレシュへ行きたいんだ.

アナ　マラムレシュに行くのがいいわよ.

隆　どうして？

アナ　あそこの復活祭の風習はとてもすてきだからよ.

Ce vrei să faci în vacanța de Paşte?	復活祭の休みはどうするの？

vrei は **a vrea** の二人称単数形です．**să faci** は **a face** の二人称単数形で，接続法です（→「この課のポイント」）．**în vacanță** は「休暇中」の意味です．ちなみに，私が休暇中なら **Sunt în vacanță.** [スント ウン ヴァカンツァ] と言います．

Vreau să merg la Sighişoara sau în Maramureş.	シギショアラかマラムレシュへ行きたいんだ．

vreau は **a vrea** の一人称単数形です．**să merg** は **a merge** の一人称単数形で，接続法です．

Track 56

方角

est《エスト》 東　**vest**《ヴェスト》 西　**sud**《スド》 南　**nord**《ノルド》 北

定冠詞 **-ul** が付いた場合は「東／西／南／北 部」の意味．前置詞 **la** を用いた場合は，ある地点から見た方角を表します．

Estul《エストゥル》 / **Vestul**《ヴェストゥル》 **României**《ロムニエイ》　ルーマニア東部／西部

la《ラ》 **sud**《スド》 / **nord**《ノルド》 **de**《デ》 **Bucureşti**《ブクレシュティ》　ブカレストの南方に／北方に

Ar fi mai bine să mergi în Maramureş.	マラムレシュに行くのがいいわよ．

ar fi は仮定の話をする場合の決まり文句です．「～だろう」の意味です．**aş vrea** などと同じ条件法です（→ P.67）．**bine** は，ここでは形容詞として用いられています．このように，形容詞を用いて，「より～である」と言いたい場合，**mai ＋形容詞** の形が用いられます（→「Dialogul 21.」）．**să mergi** は **a merge** の二人称単数形で，接続法です．

Pentru că acolo sunt obiceiuri de Paşte foarte frumoase.	あそこの復活祭の風習はとてもすてきだからよ．

obiceiuri は **obicei** [オビチェイ]「習慣，風習」の複数形です．**frumoase** は，形容詞 **frumos** が女性名詞の複数形を修飾する時の形です．

いろいろな表現

Track 57

○ Alo《アロ》! Bună《ブナ》 ziua《ズィワ》. Sunt《スント》 Takashi《タカシ》. Aş《アシュ》 vrea《ヴレア》 să《サ》 vorbesc《ヴォルベスク》 cu《ク》 Ana《アナ》.

もしもし，こんにちは．隆です．アナと話したいんですが．

● Îmi《ウミ》 pare《パレ》 rău《ラウ》, nu《ヌ》 este《イェステ》 acasă《アカサ》. Să-i《サイ》 transmit《トランスミト》 ceva《チェヴァ》?

ごめんなさい，今不在よ．彼女に何かことづてしましょうか？

să transmit は a transmite [ア トランスミテ]「伝える」の一人称単数形で，接続法です．接続法は，英語で *Shall I* ...? と言う場合のように，話し相手の意向を尋ねる場合にも使います．i は îi の省略した形で，ea の与格．「彼女に」の意味で，Ana を受けています．

○ Am《アム》 de《デ》 gând《グンド》 să《サ》 merg《メルグ》 în《ウン》 Moldova《モルドヴァ》 de《デ》 1《ウントゥイ》 mai《マイ》.

５月１日にモルドヴァへ行く予定なんだ．

● Atunci《アトゥンチ》 trebuie《トレブイエ》 să-ţi《サツィ》 cumperi《クムペリ》 bilet《ビレト》 de《デ》 tren《トレン》 din《ディン》 timp《ティムプ》.

それじゃ，切符を前もって買っておかないといけないよ．

am de gând ... は a avea de gând ... [ア アヴェア デ グンド]「〜を予定している」の一人称単数形です．よく使う表現の一つです．動詞の接続法を伴います．「１日（ついたち）」は，întâi [ウントゥイ] と言います．ţi は îţi の省略した形（→ P.40）．このように，接続法では，与格の人称代名詞は接続詞 să の後に，省略した形で置かれます．din timp は「前もって」の意味です．

接続法

接続法は，本来これから起きることやあり得ることを述べる動詞の形です．ルーマニア語では，主として動詞を他の動詞や名詞・形容詞の後につなぐ場合に接続法を用います．また，接続法では，接続詞 **să** が必ず動詞の前に置かれます．

接続法の活用は，一人称と二人称が直説法と同じ形で，三人称だけが直説法と形が異なります．直説法というのは，事実をそのまま述べる，これまで使われてきた形です．ここでは **a face** と **a fi** の例を挙げておきます．**a fi** は接続法の場合も，やはり不規則変化します．接続法の活用の詳細については，「文法編」P.134 ～ 135 を参照してください．

◆接続法現在の活用①　a face の例

	主語が単数	主語が複数
一人称	**să fac** サ　ファク	**să facem** サ　ファチェム
二人称	**să faci** サ　ファチ	**să faceți** サ ファチェツィ
三人称	**să facă** サ　ファカ	**să facă** サ　ファカ

◆接続法現在の活用②　a fi の例

	主語が単数	主語が複数
一人称	**să fiu** サ　フユウ	**să fim** サ　フィム
二人称	**să fii** サ　フィイ	**să fiți** サ　フィツィ
三人称	**să fie** サ　フィエ	**să fie** サ　フィエ

Dialogul

15.

あなたの誕生日はいつ？

Când e ziua ta?

Track 58

Ana **Takashi《タカシ》, când《クンド》 e《イェ》 ziua《ズィワ》 ta《タ》?**

Takashi **Pe《ペ》 5《チンチ》 iulie《ユリエ》.**

Ana **A《ア》, şi《シ》 ziua《ズィワ》 fratelui《フラテルイ》 meu《メウ》 este《イェステ》 tot《トト》 pe《ペ》 5《チンチ》 iulie《ユリエ》!**

Takashi **Dar《ダル》 ziua《ズィワ》 ta《タ》 când《クンド》 este《イェステ》?**

Ana **Ziua《ズィワ》 mea《メア》 e《イェ》 pe《ペ》 3《トレイ》 martie《マルティエ》.**

Takashi **Da《ダ》? În《ウン》 Japonia《ジャポニア》, pe《ペ》 3《トレイ》 martie《マルティエ》 este《イェステ》 sărbătoarea《サルバトアレア》 fetelor《フェテロル》.**

アナ　隆，あなたの誕生日はいつ？

隆　7月5日だよ．

アナ　えっ．私の弟の誕生日も7月5日よ！

隆　君の誕生日は？

アナ　3月3日よ．

隆　本当？　日本では3月3日は女の子の祭りだよ．

Când e ziua ta?	あなたの誕生日はいつ？

când は「いつ」の意味の疑問詞です．**ziua** は，所有形容詞と共に用いると「誕生日」の意味になります．「誕生日」は，本来は **ziua de naştere**［ズィワ デ ナシュテレ］と言います．

Pe 5 iulie.	7月5日だよ．

日付を表す場合，このように前置詞 **pe** が置かれます．ちなみに，「生まれた」と言う時は，再帰動詞 **a se naşte**［ア セ ナシュテ］「生まれる」を複合過去形にします．例えば，**M-am născut pe 5 iulie 1990.**［マム ナスクゥト ペ チンチ ユリエ オ ミエ ノウア ステ ノウアゼチ］と言えば，「私は 1990 年 7 月 5 日に生まれました」の意味です．

Track 59

別れる時に使う知っていると便利な表現

Pe《ペ》 curând《クルンド》 / săptămâna《サプタムナ》 viitoare《ヴィイトアレ》!　また，近いうちに／来週！

A, şi ziua fratelui meu este tot pe 5 iulie!	えっ，私の弟の誕生日も7月5日よ！

fratelui は **frate**［フラテ］「兄弟」に定冠詞 **-le** が付いた形 **fratele** の属格です（→「この課のポイント」）．**tot** は，ここでは強調する役割を果たしています．

Pe 3 martie este sărbătoarea fetelor.	3月3日は女の子の祭りだよ．

martie は「3 月」です．**sărbătoarea** は **sărbătoare**［サルバトアレ］「祭り，祝日」に定冠詞 **-a** が付いた形です．**fetelor** は，**fată** の複数形 **fete** に定冠詞 **-le** が付いた形 **fetele** の属格です（→「この課のポイント」）．日本のひな祭りの風習をルーマニアの人たちにも伝えたいですね．

いろいろな表現

Track 60

○ A《ア》 cui《クイ》 este《イェステ》 maşina《マシナ》 aceasta《アチェアスタ》?　この車は誰のものですか？

● Este《イェステ》 a《ア》 Mariei《マリエイ》.　マリアのものです．

a は属格冠詞という冠詞です．ルーマニア語には，定冠詞や不定冠詞の他にも，この属格冠詞や，また形容冠詞（→ P.99）という冠詞もあります．属格冠詞は名詞の属格といっしょに用いられます．本書では属格冠詞の詳細については省きますが，属格冠詞には，所有される名詞の性・数に応じた al（男性・中性単数），a（女性単数），ai（男性複数），ale（女性・中性複数）の四つの形があります．「誰のもの」と尋ねたい時は，この属格冠詞と cine [チネ]「誰」の属格 cui を組み合わせて使います．

maşina は maşină [マシナ]「車」に定冠詞 -a が付いた形．a Mariei は「マリアのもの」の意味です．このように属格冠詞と名詞の属格を組み合わせると，「～のもの」という意味になります．Mariei は Maria の属格．ルーマニア語では，このように固有名詞でも，女性の場合は格変化します．

三人称で，「～の車」と言う場合，次のような言い方が可能です．

maşina《マシナ》 ei《イェイ》　彼女の車

maşina《マシナ》 lui《ルイ》　彼の車

maşina《マシナ》 Mariei《マリエイ》　マリア（女性）の車

maşina《マシナ》 lui《ルイ》 Popescu《ポペスク》　ポペスク氏の車

ei は ea の属格．lui は el の属格です．また，所有者が，男性の固有名詞の場合，lui で属格を表します．所有者が一人称と二人称の場合は，すでに見たように所有形容詞を用います（→ P.63）．所有形容詞は属格冠詞と組み合わせると，所有代名詞になります．所有代名詞については，「文法編」P.128 を参照してください．

この課のポイント

格変化①

ルーマニア語では，名詞と冠詞の形が変わることによって，名詞の文中における役割や他の名詞に対する関係が表されます．これを格と言います．ルーマニア語には，主格，属格，与格，対格，そして呼格の五つの格があります．それぞれの格の用法について，これから順次学んでいきます．

●属格

属格は，主として所有や所属の関係を表します．

定冠詞付きの属格を表で整理してみました．定冠詞の属格は，男性・中性名詞の単数形に付く場合は **-(u)lui**，女性名詞の単数形に付く場合は **-i** になります．また，男性名詞の複数形に付く場合は **-lor**，女性・中性名詞の複数形に付く場合も，やはり **-lor** になります．

	男性・中性名詞単数	女性名詞単数	男性名詞複数	女性・中性名詞複数
	copil《コピル》 子供	**casă**《カサ》 家	**copii**《コピイ》	**case**《カセ》
属格	**copilului**《コピルルイ》	**casei**《カセイ》	**copiilor**《コピイロル》	**caselor**《カセロル》

中世の面影を今に残す古都シギショアラ

Dialogul

16.

ルーマニア料理は好き？

Îți place mâncarea românească?

Track 61

Ana **Takashi《タカシ》, îți《ウツィ》 place《プラチェ》 mâncarea《ムンカレア》 românească《ロムネアスカ》?**

Takashi **Da《ダ》, îmi《ウミ》 place《プラチェ》 foarte《フォアルテ》 mult《ムルト》.**

Ana **Ce-ți《チェツィ》 place《プラチェ》 cel《チェル》 mai《マイ》 mult《ムルト》?**

Takashi **Sarmalele《サルマレレ》, ciorba《チョルバ》 de《デ》 legume《レグメ》 şi《シ》 papanaşii《パパナシイ》.**

Ana **Mănânci《マヌンチ》 deseori《デセオリ》 mâncare《ムンカレ》 românească《ロムネアスカ》?**

Takashi **Da《ダ》, îmi《ウミ》 place《プラチェ》 să《サ》 merg《メルグ》 cu《ク》 prietenii《プリエテニイ》 la《ラ》 restaurantul《レスタウラントゥル》 “Carul《カルル》 cu《ク》 Bere《ベレ》”.**

アナ　隆，ルーマニア料理は好き？

隆　うん，とても好きだよ．

アナ　何が一番好き？

隆　ロールキャベツ，野菜スープ．それからパパナシだね．

アナ　ルーマニア料理をよく食べるの？

隆　うん，友達とレストラン「カルル　ク　ベレ」へ行くのが好きなんだ．

Îți place mâncarea românească?	君はルーマニア料理は好き？

place は **a plăcea** 〔ア プラチェア〕「気に入る」の三人称単数形です．ルーマニア語では，「～（人）は～が好き」と言う場合，「～は～（人）に気に入る」という言い方をします．**îți** は **tu** の与格で，「君に」の意味です．**mâncarea** は **mâncare** 〔ムンカレ〕「料理」に定冠詞 -a が付いた形です．定冠詞が付くと「ルーマニア料理というもの」の意味になります．**românească** は形容詞 **românesc** 〔ロムネスク〕「ルーマニア風（式）の」が女性名詞の単数形を修飾する時の形です．

Ce-ți place cel mai mult?	何が一番好き？

mult は，ここでは副詞として用いられています．このように，副詞を用いて「最も～である」と言いたい場合，**cel ＋ mai ＋副詞** の形が用いられます．副詞の最上級については，「Dialogul 21.」で学びます．

Sarmalele, ciorba de legume și papanașii.	ロールキャベツ，野菜のスープ．それからパパナシ．

sarmalele は **sarmale** 〔サルマレ〕「ルーマニア風ロールキャベツ」に定冠詞 **-le** が付いた形です．**legume** は，**legumă** 〔レグマ〕「野菜」の複数形です．**papanașii** は「ドーナツ」．

Mănânci deseori mâncare românească?	ルーマニア料理をよく食べるの？

mănânci は，**a mânca** 〔ア ムンカ〕「食べる」の二人称単数形です．**deseori** は「よく」の意味です．**mâncare** は無冠詞．

Îmi place să merg cu prietenii la restaurantul	友達とレストラン…へ行くのが好きなんだ．

să merg は **a merge** 〔ア メルジェ〕「行く」の一人称単数形で，接続法です．**restaurantul** は **restaurant** 〔レスタウラント〕「レストラン」に定冠詞 **-ul** が付いた形です．

いろいろな表現

Track 62

○ Ce《チェ》 îți《ウツィ》 place《プラチェ》 mai《マイ》 mult《ムルト》, vinul《ヴィヌル》 roşu《ロシュ》 sau《サウ》 vinul《ヴィヌル》 alb《アルブ》?
君は赤ワインと白ワインのどちらが好き？

● Prefer《プレフェル》 vinul《ヴィヌル》 alb《アルブ》.　私は白ワインのほうが好き．

副詞を用いて「より～である」と言いたい時は mai を使います．副詞の比較級については，「Dialogul 21.」で学びます．roşu と alb は形容詞で，vinul を修飾しています（→「この課のポイント」)．prefer は a prefera［ア プレフェラ］「好む」の一人称単数形です．

○ Gătiți《ガティツィ》 deseori《デセオリ》?　あなたはよく料理をしますか？

● Da《ダ》, în《ウン》 fiecare《フィエカレ》 zi《ズィ》. Îmi《ウミ》 place《プラチェ》 să《サ》 gătesc《ガテスク》.
はい，毎日．料理をするのが好きなんです．

gătiți は a găti［ア ガティ］「料理をする」の，主語が尊称の場合の形です．「ほとんどしない」は foarte rar［フォアルテ ラル］「とてもまれ」を共に用います．să gătesc は a găti の一人称単数形で，接続法です．人称代名詞の与格＋ a plăcea ＋動詞の接続法 の形は，趣味などを尋ねる場合に，使うことができます．例えば，Vă place să ascultați muzică?［ヴァ プラチェ サ アスクルタツィ ムズィカ］，「あなたは音楽を聴くのが好きですか？」といったように尋ねることができます．ascultați は a asculta［ア アスクルタ］「聴く」の，主語が尊称の場合の形です．

○ Ți-e《ツィエ》 foame《フォアメ》?　お腹が空いてる？

● Da《ダ》, mi-e《ミエ》 foame《フォアメ》.　うん，空いてるよ．

身体の状態は，このように 人称代名詞の与格＋ a fi の形を使って表されます．foame 以外の，会話でよく使う表現を次に挙げておきます．

Mi-e《ミエ》 sete《セテ》 / somn《ソムヌ》.　私は のどが渇いています／眠いです．

この課のポイント

格変化②，形容詞が名詞を修飾する用法

●与格

eu が **îmi**［ウミ］に変わると,「私は」が「私に」の意味に変わります．このように名詞の意味が「〜に」になる場合の格を与格と呼んでいます．人称代名詞の与格には，弱形（通常形）と強形があり（→「文法編」P.113），**îmi** は弱形です．強形は強調する場合に用いられます．**dumneavoastră** の与格は，**voi** の与格 **vă** を用います．

a plăcea や **a părea** のような特定の動詞，また **a fi** と共に用いられた人称代名詞の与格は，文の意味上の主語になります．

●形容詞が名詞を修飾する用法

形容詞が名詞を修飾する場合，名詞の性・数に応じて述語的用法と同じ形で変化します．形容詞は，名詞の後に置かれます．また，格変化もします．格変化については，「文法編」P.116 を参照してください．

	単数	複数
男性	**un**《ウン》 **profesor**《プロフェソル》 **bun**《ブン》 良い教師	**nişte**《ニシテ》 **profesori**《プロフェソリ》 **buni**《ブニ》 良い教師たち
女性	**o profesoară**《ウンプロフェソアラ》 **bună**《ブナ》 良い教師	**nişte**《ニシテ》 **profesoare**《プロフェソアレ》 **bune**《ブネ》 良い教師たち

Track 63

話し相手の提案や思いつきに賛同した時のフレーズ

Ce《チェ》 **idee**《イデエ》 **bună!**《ブナ》 とても良い考えです！

Dialogul 17.

コンスタンツァはどうだった？

Cum a fost la Constanța?

Track 64

Ana **Cum《クム》 a《ア》 fost《フォスト》 la《ラ》 Constanța《コンスタンツァ》?**

Takashi **A《ア》 fost《フォスト》 frumos《フルモス》. Am《アム》 vizitat《ヴィズィタト》 multe《ムルテ》 muzee《ムゼエ》 interesante《インテレサンテ》.**

Ana **Ai《アイ》 mers《メルス》 şi《シ》 la《ラ》 plajă《プラジャ》?**

Takashi **Da《ダ》, am《アム》 mers《メルス》 de《デ》 câteva《クテヴァ》 ori《オリ》.**

Ana **Ai《アイ》 făcut《ファクゥト》 poze《ポゼ》?**

Takashi **Sigur《スィグル》, am《アム》 făcut《ファクゥト》 multe《ムルテ》 poze《ポゼ》.**

アナ　コンスタンツァはどうだった？
隆　とてもよかったよ．たくさんのおもしろい博物館に行ったよ．
アナ　浜辺にも行ったの？
隆　うん，何回か．
アナ　写真を撮った？
隆　もちろんたくさん撮ったよ．

Cum a fost la Constanța?	コンスタンツァはどうだった？

cum a fost［クム ア フォスト］は旅行などから帰ってきた人やこれから本国に帰ろうとする人に，当地の感想を尋ねる場合の常套句です．**a fost** は複合過去という形です（→「この課のポイント」）．

Am vizitat multe muzee interesante.	たくさんのおもしろい博物館に行ったよ．

am vizitat は複合過去形です（**a vizita**）．**muzee** は **muzeu**［ムゼウ］「博物館」の複数形です．**interesante** は形容詞 **interesant** が中性名詞の複数形を修飾する時の形です．

Ai mers şi la plajă?	浜辺にも行ったの？

ai mers は複合過去形です（**a merge**）．

de câteva ori	何回か

ori［オリ］は **oară**［オアラ］「回数」の複数形で，前置詞 **de** と共に用いて「回（度）」の意味を表します．**câteva** は，**câțiva**［クツィヴァ］「いくつかの」が女性名詞の複数形の前に置かれる時の形です．**câțiva** は，人の場合も使います．例えば，**câțiva copii**［クツィヴァ コピイ］と言えば，「いく人かの子供たち」の意味．女性形の **câteva** を用いて，**câteva fete**［クテヴァ フェテ］と言えば，「いく人かの少女たち」の意味です．

Ai făcut poze?	写真を撮った？

ai făcut は複合過去形です（**a face**）．**poze**［ポゼ］は **poză**［ポザ］「写真」の複数形です．ちなみに，「カメラ」は **aparat de fotografiat**［アパラト デ フォトグラフィアト］と言います．

いろいろな表現

Track 65

○ Ce-ați《チェ アツィ》 pățit?《パツィト》 どうかしましたか？

● Mi-am《ミアム》 pierdut《ピエルドゥト》 portofelul.《ポルトフェルル》 私の財布を失くしました．

ați pățit は複合過去形です（a păți［ア パツィ］「遭遇する」）．am pierdut も，やはり複合過去形です（a pierde［ア ピエルデ］「失う」）．mi は，ここでは所有を表しています（→ P.41）．

○ Sunteți《スンテツィ》 pentru《ペントル》 prima《プリマ》 dată《ダタ》 în《ウン》 România?《ロムニア》

ルーマニアは初めてですか？

● Nu,《ヌ》 sunt《スント》 pentru《ペントル》 a《ア》 treia《トレイア》 oară《オアラ》 aici.《アイチ》 いいえ，三度目です．

○ Când《クンド》 ați《アツィ》 venit《ヴェニト》 pentru《ペントル》 prima《プリマ》 dată?《ダタ》

初めていらっしゃったのはいつですか？

● Acum《アクム》 doi《ドイ》 ani.《アニ》 2 年前です．

「初めて」は pentru prima dată［ペントル プリマ ダタ］と言います．「～度目」は，pentru ＋序数詞 ＋oară という形になります．序数詞については，「文法編」P.108 を参照してください．

無事の帰国・帰宅を知らせる時のフレーズ

Am《アム》 **ajuns**《アジュンス》 **cu**《ク》 **bine.**《ビネ》 無事戻りました．

(**a ajunge**［ア アジュンジェ］「着く」)

複合過去形

●複合過去形

複合過去形は **a avea** と動詞の過去分詞を組み合わせてつくります．**a avea** は複合過去形をつくる場合，活用は三人称単数で **a**，一人称複数で **am**，二人称複数で **ați** になります．複合過去形の用法については，「文法編」P.124 ～ 125 でまとめてあります．

①　複合過去の形（a fi の例）

	主語が単数	主語が複数
一人称	**am**《アム》 **fost**《フォスト》	**am**《アム》 **fost**《フォスト》
二人称	**ai**《アイ》 **fost**《フォスト》	**ați**《アツィ》 **fost**《フォスト》
三人称	**a**《ア》 **fost**《フォスト》	**au**《アウ》 **fost**《フォスト》

※ **a fi** の過去分詞は不規則な形です．

②　過去分詞のつくり方

過去分詞のつくり方には次のルールがあります．第 1 活用動詞と第 4 活用動詞は語尾 **-t** を付けます．第 2 活用動詞は語尾 **-ea** を，第 3 活用動詞は語尾 **-e** を取って，語尾 **-ut** を付けます．また，第 3 活用動詞の中には，語尾 **-s** を付けるものがあります．

	原形	過去分詞
第 1 活用動詞 第 4 活用動詞	**a**《ア》 **studia**《ストゥディア》　研究する **a**《ア》 **găsi**《ガスィ》　見つける	**studiat**《ストゥディアト》 **găsit**《ガスィト》
第 2 活用動詞	**a**《ア》 **vedea**《ヴェデア》　見る，会う	**văzut**《ヴァズゥト》
第 3 活用動詞	**a**《ア》 **trcce**《トレチェ》　通り過ぎる（通りかかる） **a**《ア》 **spune**《スプネ》　言う	**trecut**《トレクゥト》 **spus**《スプス》

※ **a vedea** は，過去分詞で，語幹の子音 **d** が **z** に交替します．また，第 3 活用動詞のなかには，語尾 **-t** を付けるものもあります．

Dialogul 18.

ヨネスクさんを知ってる？

Îl cunoşti pe domnul Ionescu?

Track 66

Ana **Takashi《タカシ》, îl《ウル》 cunoşti《クノシュティ》 pe《ペ》 domnul《ドムヌル》 Ionescu《ヨネスク》?**

Takashi **Da《ダ》, l-am《ラム》 întâlnit《ウントゥルニト》 la《ラ》 o《オ》 petrecere《ペトレチェレ》.**

Ana **Ştii《シュティイ》 unde《ウンデ》 lucrează《ルクレアザ》?**

Takashi **Da《ダ》, mi-a《ミア》 spus《スプス》 că《カ》 lucrează《ルクレアザ》 la《ラ》 o《オ》 agenție《アジェンツィエ》 de《デ》 turism《トゥリスム》.**

Ana **Dar《ダル》 pe《ペ》 soția《ソツィア》 lui《ルイ》 o《オ》 cunoşti《クノシュティ》?**

Takashi **Nu《ヌ》.**

アナ　隆，ヨネスクさんを知ってる？
隆　うん，あるパーティーで一度会ったよ．
アナ　彼がどこで働いているか，知ってる？
隆　うん，旅行代理店で働いている，と僕に言ったよ．
アナ　彼の奥さんも知ってるの？
隆　いいや．

Îl cunoşti pe domnul Ionescu?　ヨネスクさんを知ってる？

cunoşti は **a cunoaşte**［アクノアシュテ］「知っている」の二人称単数形です．**îl** は **el** の対格で，「彼を」の意味です（→「この課のポイント」）．**îl** と **Ionescu** は同じ人物を表しています．ルーマニア語では，このように目的語を繰り返します（→「この課のポイント」）．繰り返される目的語の前に前置詞 **pe** を置くことが必要です．

L-am întâlnit la o petrecere.　あるパーティーで一度会ったよ．

l は **îl** の省略した形です．**am întâlnit** は複合過去形です（**a întâlni**［アウントゥルニ］「会う」）．**îl** は，このように文頭に置かれて，**a avea** とハイフンでつなぎます（→「文法編」P.125）．**petrecere** は「パーティー」の意味です．ルーマニアの人たちはパーティーが大好きです．英語の「パーティー」で，もちろん通じますが，やはりルーマニア語で「ペトレチェレ」と言いたいですね．

Ştii unde lucrează?　どこで働いているか知ってる？

ştii は **a şti**［アシュティ］「知っている」の二人称単数形です．**a şti** の意味も「知っている」ですが，前出の **a cunoaşte** と使われる場面が違います．**a cunoaşte** は，面識があるなど，自分が体験を通して，対象を直接知っている場合に用います．これに対して，**a şti** は知識や情報として知っている場合に用います．**a şti** はまた，この例のように従属節をよく伴います．**lucrează**［ルクレアザ］は **a lucra** の三人称単数形です．

Dar pe soția lui o cunoşti?　彼の奥さんも知ってるの？

soția は **soție**［ソツィエ］「妻」に定冠詞 **-a** が付いた形です．ここでも目的語が繰り返されていることに注意してください．ちなみに，「夫」は **soț**［ソツ］と言います．併せて覚えておきましょう．

いろいろな表現

Track 67

○ Ştiţi《シュティツィ》 la《ラ》 ce《チェ》 oră《オラ》 începe《ウンチェペ》 conferinţa《コンフェリンツァ》?

会議が何時に始まるか，知っていますか？

● Da,《ダ》 începe《ウンチェペ》 la《ラ》 ora《オラ》 trei《トレイ》 după《ドゥパ》-amiază《アミアザ》.

はい，午後3時に始まります．

ştiţi [シュティツィ] は a şti の，主語が尊称の場合の形です．conferinţa は，conferinţă [コンフェリンツァ]「会議」に定冠詞 -a が付いた形です．「会議」は conferinţă の他に şedinţă [シェディンツァ] もよく使われます．

○ Ce《チェ》 fel《フェル》 de《デ》 romane《ロマネ》 vă《ヴァ》 interesează《インテレセアザ》?

あなたどんな小説に関心がおありですか？

● Pe《ペ》 mine《ミネ》 mă《マ》 interesează《インテレセアザ》 romanele《ロマネレ》 istorice《イストリチェ》.

私は歴史小説に関心があります．

interesează は a interesa [アインテレサ]「興味を起こさせる」の三人称複数形です．ce fel de romane は主格で，文の主語です．vă は voi の対格で，ここでは dumneavoastră の対格として用いられています（→「この課のポイント」）．interesează の目的語です．ルーマニア語では，このように「〜に関心がある」と言う場合，「〜は〜（人）に興味を起こさせる」という言い方をします．romanele は roman [ロマン]「小説」の複数形に定冠詞 -le が付いた形．istorice は形容詞 istoric [イストリク]「歴史の」が女性名詞の複数形を修飾する時の形です．pe mine は省略することもできます．

「〜に関心がある」はまた，Sunt interesat de romanele istorice. [スント インテレサト デ ロマネレ イストリチェ] のように，a fi と形容詞 interesat を共に用いて表現することもできます．

この課のポイント

格変化③，目的語の二重表現，従属節

●対格

属格については「Dialogul 15.」で，与格については「Dialogul 16.」で学びましたが，この課では対格について学びます．**el** が **îl** になると，「彼は」から「彼を」に意味が変わります．この場合の **îl** を対格と呼んでいます．名詞の対格は，その名詞が直接目的語であることを示します．対格にも弱形と強形があります．前置詞を伴う場合，強形が用いられます（→「文法編」P.113）．例えば，「私は彼と話をします」と言う場合，弱形の **îl** を使うのは間違いです．強形の **el**［イェル］を用いて，**Vorbesc cu el.**［ヴォルベスク ク イェル］と言うのが正解です．**dumneavoastră** の対格は，**voi** の対格 **vă** を用います．

●目的語の二重表現

ダイアローグに出てきた **Îl cunoşti pe domnul Ionescu?**「ヨネスクさんを知ってる？」については，少し説明が必要です．**domnul Ionescu** の他に **îl** という目的語がありますね．私は「ヨネスクさん」の他に誰かを知っているのでしょうか？もちろんそんなことはありません．この文の **îl** と **domnul Ionescu** は，同じ人物なのです．ルーマニア語では，このように目的語を繰り返して用います．繰り返された目的語の前に前置詞 **pe** を置きます．

●従属節

従属接続詞によって導かれる文，つまりそれだけでは自立していない文を従属節と言います．従属節は従属接続詞だけでなく，「いろいろな表現」に出てきた **a şti** の例のように，疑問詞によっても導かれます．**a şti** はまた，いろいろな疑問詞と組み合わせることができます．例えば，**Ştiţi unde are loc conferinţa?**［シュティツィ ウンデ アレ ロク コンフェリンツァ］と言えば，「会議がどこであるか，知っていますか？」という意味の文になります．**are** は，**a avea** の三人称単数形．「場所」を意味する **loc** と共に用いて「行われる」の意味になります．知っていると便利な表現の一つです．

Dialogul 19.

「ハッピーバースデー」はルーマニア語で何て言うの？

Cum se spune "Happy Birthday" în limba română?

Track 68

Takashi **Cum**《クム》 **se**《セ》 **spune**《スプネ》 **"Happy**《ハッピー》 **Birthday"**《バースデイ》 **în**《ウン》 **limba**《リムバ》 **română?**《ロムナ》

Ana **Se**《セ》 **spune**《スプネ》 **"La**《ラ》 **mulți**《ムルツィ》 **ani".**《アニ》

Takashi **"Noroc"**《ノロック》 **ce**《チェ》 **înseamnă?**《ウンセアムナ》

Ana **Înseamnă**《ウンセアムナ》 **"good**《グッド》 **luck"**《ラック》 **şi**《シ》 **"cheers".**《チアーズ》

Takashi **A,**《ア》 **da?**《ダ》 **E**《イェ》 **cam**《カム》 **greu.**《グレウ》

Ana **Atunci**《アトゥンチ》 **trebuie**《トレブイエ》 **să**《サ》 **înveți**《ウンヴェツィ》 **mai**《マイ》 **mult.**《ムルト》

隆　「ハッピーバースデー」はルーマニア語で何て言うの？

アナ　「ラ　ムルツィ　アニ」と言うのよ．

隆　「ノロック」ってどんな意味？

アナ　「グッドラック」と「乾杯」よ．

隆　あっそう．ちょっと難しいな．

アナ　それじゃ，もっと勉強しないといけないわよ．

Cum se spune “Happy Birthday” în limba română?	「ハッピーバースデー」はルーマニア語ではなんて言うの？

se は再帰代名詞と言います．再帰代名詞といっしょに用いられる動詞を再帰動詞と言います（→「この課のポイント」）．再帰動詞は，受動表現の一種としてよく用いられます（→「文法編」P.132）．これもその一つで，「どう言われますか？」が直訳です．「ルーマニア語で」は，少しくだけた感じで，**pe româneşte**［ペ ロムネシュテ］という言い方もあります．ちなみに「この言葉はどう発音しますか？」は **Cum se pronunţă acest cuvânt?**［クム セ プロヌンツァ アチェスト クヴント］と言います．**se pronunţă** は再帰動詞で，**pronunţă** は **a pronunţa**「発音する」の三人称単数形です．**acest** は「この」（→「Dialogul 3.」），**cuvânt** は「単語」の意味です．

La mulţi ani!	誕生日おめでとう！

「覚えるフレーズ」で出てきました．もう一度確認しましょう．

“Noroc” ce înseamnă?	「ノロック」ってどんな意味？

înseamnă は **a însemna**［アウンセムナ］「意味する」の三人称単数形です．

E cam greu.	ちょっと難しいな．

cam［カム］は，ここでは「やや」の意味で使われています（→ P.26）．**greu**［グレウ］は「重い」という意味の形容詞ですが，「難しい，大変な」の意味でもよく使われます．**complicat**［コムプリカト］「複雑な」と言う単語もあります．こちらは「ややこしい」というような感じです．**greu** の反対の「簡単な」は **uşor**［ウショル」（→「文法編」P.116）と言います．

Atunci trebuie să înveţi mai mult.	それじゃ，もっと勉強しないといけないわよ．

trebuie は **a trebui** の三人称単数形です．この意味で用いられる場合，動詞の接続法を伴います（→「この課のポイント」）．**să înveţi** は **a învăţa** の二人称単数形で，接続法です．

いろいろな表現

Track 69

○Nu《ヌ》 arătați《アラタツィ》 prea《プレア》 bine《ビネ》. Ce《チェ》 s-a《サ》 întâmplat《ウントゥムプラト》?

おかげん悪そうですね．どうされましたか？

●Mă《マ》 simt《スィムト》 rău《ラウ》. Am《アム》 febră《フェブラ》 și《シ》 mă《マ》 doare《ドアレ》 capul《カプル》. Cred《クレド》 că《カ》 am《アム》 răcit《ラチト》.

気分が悪いんです．熱があって，それに頭も痛いんです．風邪をひいたと思います．

arătați は a arăta [ア アラタ]「見える，見せる」の，主語が尊称の場合の形です．s-a întâmplat は複合過去形です（a se întâmpla [ア セ ウントゥムプラ]「起きる」）．mă simt は a se simți [ア セ スィムツィ]「感じる」の一人称単数形です．rău と共に用いて，「気分が悪い」の意味になります．反対に「気分が良い」と言う場合は，bine を共に用います．「気分はいかがですか？」と尋ねたい時は，Cum vă simțiți? [クム ヴァ スィムツィツィ] と言います．

doare [ドアレ] は a durea [アドゥレア]「痛みを与える」の三人称単数形です．capul は cap [カプ]「頭」に定冠詞 -ul が付いた形で，主格です．ルーマニア語では，このように「～が痛い」と言う場合，「～が～（人）に痛みを与える」という言い方をします．主語が複数の場合，a durea は三人称複数形で，dor になります．例えば，Mă dor picioarele. [マ ドル ピチオアレレ] と言えば，「私は足が痛いです」の意味です．

am răcit は複合過去形です（a răci [ア ラチ]「風邪をひく」）．ちなみに,「病気の」は bolnav / bolnavă [ボルナヴ／ボルナヴァ]，「健康な」は sănătos / sănătoasă [サナトス / サナトアサ] と言います（形容詞の後者はそれぞれ女性形です）．

○Vreau《ヴレアウ》 să《サ》 mă《マ》 spăl《スパル》 pe《ペ》 mâini《ムイニ》 / față《ファツァ》.　手／顔を 洗いたいのですが．

●Sigur《スィグル》 că《カ》 da《ダ》. Pe《ペ》 aici《アイチ》, vă《ヴァ》 rog《ログ》.

ええ，もちろん．こちらですよ．

mă spăl は，再帰動詞 a se spăla [ア セ スパラ]「（自分の）体を洗う」の一人称単数形です．この例のように，「（自分の）体を洗う」と言う場合，前置詞 pe を用いて，洗う身体の部位を限定することができます．Sigur că da. は「もちろん」の意味です．

この課のポイント

再帰動詞，「～しなければならない」という表現

●再帰動詞

「Dialogul 6.」で出てきた **a se duce** を例に，再帰動詞について考えてみましょう．

Mă《マ》 duc《ドゥク》.　私は行きます．

mă は「私自身」の意味です．再帰代名詞と言います．**duc** は **a duce**［ア ドゥチェ］「運ぶ」の一人称単数形です．「私は私自身を運びます」が転じて，「私は行きます」の意味になります．このように，再帰代名詞を伴って，一つのまとまった意味を表す動詞を再帰動詞と言います．再帰動詞は，対格の再帰代名詞 **se** をとるものと与格の再帰代名詞 **îşi** をとるものがあります．「文法編」P.130 ～ 131 を参照してください．

●「～しなければならない」という表現

ルーマニア語では，「～しなければならない」という義務・必要は，**a trebui** ＋動詞の接続法という形を用いて表します．**a trebui**［ア トレブイ］「～しなければならない」は，主語の人称・数と関係なく，常に三人称単数形の **trebuie** が使われます．

Track 70

いとまを告げる時は次のように言いましょう

Ar《アル》 trebui《トレブイ》 să《サ》 plec《プレク》.　そろそろおいとましなくてはなりません．

※ **ar trebui** は条件法です．ここでは，ていねいな表現として条件法が用いられています．

黒海に面したリゾート地として人気のあるコンスタンツァ

Dialogul 20.

どうぞ，この用紙にご記入ください！

Completaţi formularul acesta, vă rog!

Track 71

〈ホテルのフロントで〉

Takashi **Bună《ブナ》 ziua《ズィワ》. Mă《マ》 numesc《ヌメスク》 Takashi《タカシ》 Yamada《ヤマダ》.**

Am《アム》 rezervat《レゼルヴァト》 o《オ》 cameră《カメラ》.

Recepţionera《レチェプツィオネラ》 **Da《ダ》. Câte《クテ》 nopţi《ノプツィ》 staţi《スタツィ》?**

Takashi **Două《ドゥア》 nopţi《ノプツィ》.**

Recepţionera **Daţi-mi《ダツィミ》 paşaportul《パシャポルトゥル》 dumneavoastră《ドゥムネアヴォアストラ》 şi《シ》**

completaţi《コムプレタツィ》 formularul《フォルムラルル》 acesta《アチェスタ》, vă《ヴァ》 rog《ログ》!

Takashi **Poftiţi《ポフティツィ》!**

隆　こんにちは．山田隆と言います．部屋を予約してあります．

フロント係　そうですね．何泊されますか？

隆　２泊です．

フロント係　あなたのパスポートをお見せください，
それからこの用紙にご記入ください！

隆　はい，どうぞ．

Mă numesc Takashi Yamada.	山田隆と言います.

mă numesc は再帰動詞 **a se numi**［ア セ ヌミ］「～という名前である」の一人称単数形です．自己紹介にかかせない表現です．相手の名前を尋ねる時の表現 **Cum vă numiţi?**［クム ヴァ ヌミツィ］「あなたのお名前は何ですか？」と併せて覚えておきましょう．

Am rezervat o cameră.	部屋を予約してあります.

am rezervat は複合過去形です（**a rezerva**［ア レゼルヴァ］「予約する」）.

Câte nopţi staţi?	何泊されますか？

câte は，**cât**「いくつ」が複数の女性名詞の前に置かれる時の形です．**nopţi** は **noapte**［ノアプテ］「夜」の複数形です．ちなみに，「夜中」は **miezul nopţii**［ミエズル ノプツィイ］と言います．**staţi** は **a sta** の，主語が尊称の場合の形です．**a sta** は，ここでは「滞在する」の意味で使われています．

Două nopţi.	２泊です.

două は，すでに見たように，基数詞の「２」が女性名詞の前に置かれる時の形です（→「文法編」P.107）.

Daţi-mi paşaportul dumneavoastră şi completaţi formularul acesta, vă rog!	あなたのパスポートをお見せください，それからこの用紙にご記入ください！

daţi は **a da** の二人称複数形で，**dumneavoastră** に対する命令形です．人称代名詞の与格は，このように動詞の後に置かれてハイフンでつなぎます．**paşaportul** は **paşaport**［パシャポルト］「パスポート」に定冠詞 **-ul** が付いた形です．**completaţi**［コムプレタツィ］は **a completa**［ア コムプレタ］「記入する」の二人称複数形で，やはり **dumneavoastră** に対する命令形です（→「この課のポイント」）.

いろいろな表現

Track 72

○ Aşteaptă《アシュテアプタ》 puțin《プツィン》, te《テ》 rog《ログ》! Mă《マ》 duc《ドゥク》 până《プナ》 la《ラ》 toaletă《トアレタ》.
ちょっと待って！ トイレに行くよ.

● Da《ダ》, sigur《スィグル》. Te《テ》 aştept《アシュテプト》 aici《アイチ》. ええ，もちろん．ここで待っているわ.

aşteaptă は a aştepta の三人称単数形で，tu に対する命令形です（→「この課のポイント」）．「トイレ」は toaletă です.

○ Nu《ヌ》 parcați《パルカツィ》 aici《アイチ》! ここに駐車しないでください！

● Am《アム》 înțeles《ウンツェレス》. 分かりました.

parcați は a parca［ア パルカ］「駐車する」の二人称複数形で，dumneavoastră に対する命令形です．am înțeles は複合過去形です（a înțelege）.

宿泊先では確認を忘れずに

ieşire《イエシレ》 **de**《デ》 **urgență**《ウルゲンツァ》 非常口

※ **ieşire** は「出口」の意味．**urgență** は「緊急」の意味です．反対の「入口」は **intrare**［イントラレ］と言います.

ルーマニア王室の夏の離宮，シナヤのペレシュ城

命令法

● tu に対する命令

ルーマニア語では，命令形は，直説法現在の活用形と同じ形が用いられます．**tu** に対する命令形は，動詞によって用いられる形が異なります．直接法現在の三人称単数形と同じ形が用いられる場合と，二人称単数形と同じ形が用いられる場合とがあります．形がたくさんあって困りましたね．ただ，最初はあまり気にせず，あなたが日常会話で耳にしたもの，また使う必要に迫られたものから順次覚えていくようにしましょう．詳細は「文法編」P.123 ～ 124 で，まとめてあります．

● voi および dumneavoastră に対する命令

voi および **dumneavoastră** に対する命令形は，直説法現在の二人称複数形と同じ形が用いられます．例えば，**a intra**〔ア イントラ〕「入る」の二人称複数形は **intraţi** ですが，**voi** および **dumneavoastră** に対する命令形では，同じ形を用いて，**Intraţi!**〔イントラツィ〕「(君たち) 入りなさい / 入ってください！」と言います．

コンスタンツァのカジノ

Dialogul

21.

農村博物館へはどうやって行くのが一番早いの？

Ştii cumva cum se ajunge cel mai repede la Muzeul Satului?

Track 73

Takashi **Ştii《シュティイ》 cumva《クムヴァ》 cum《クム》 se《セ》 ajunge《アジュンジェ》 cel《チェル》 mai《マイ》 repede《レペデ》 la《ラ》 Muzeul《ムゼウル》 Satului《サトゥルイ》?**

Ana **Iei《イェイ》 autobuzul《アウトブズル》 numărul《ヌマルル》 300《トレイ ステ》 şi《シ》 cobori《コボリ》 la《ラ》 a《ア》 treia《トレイア》 stație《スタツィエ》.**

De《デ》 acolo《アコロ》 poți《ポツィ》 să《サ》 mergi《メルジ》 pe《ペ》 jos《ジョス》.

Takashi **Mulțumesc《ムルツメスク》!**

隆　農村博物館へはどうやって行くのが一番早いの？

アナ　300 番のバスに乗ってちょうだい．それから 3 番目のバス停で降りるのよ．そこから歩いて行けるわよ．

隆　ありがとう！

Ştii cumva cum se ajunge cel mai repede la Muzeul Satului?	農村博物館へはどうやって行くのが一番早いの？

cumva は質問をする場合に，**a ştie** と共によく用います．ここでは「ひょっとして」の意味で使われています．「～はどこにありますか？」という言い方は，「Dialogul 4.」ですでに学びましたが，**Cum se ajunge?** も道を尋ねる場合によく使います．**se ajunge** は **a ajunge**〔ア アジュンジェ〕「到着する」が再帰動詞として用いられたもの．主語を誰と特定せず，一般的な話として述べるために再帰動詞が用いられています（→「文法編」P.132）．三人称単数形です．**cel mai repede** は「一番早い」の意味で，副詞の最上級です（→「この課のポイント」）．

便利な交通手段

metrou《メトロウ》　地下鉄　　**taxi**《タクスィ》　タクシー

Iei autobuzul ... şi cobori la a treia staţie!	…のバスに乗ってちょうだい！ それから３番目のバス停で降りるのよ！

iei は **a lua** の二人称単数形です．**a lua** を **autobuzul** と共に用いると，「バスに乗る」の意味になります．**autobuzul** は **autobuz**〔アウトブズ〕「バス」に定冠詞 **-ul** が付いた形．**cobori** は，**a coborî**〔ア コボル〕「降りる」の二人称単数形です．反対の「乗る」は，**a se urca**〔ア セ ウルカ〕と言います．**a treia** は序数詞です（→「文法編」P.108）．「バス停」は **staţie de autobuz**〔スタツィエ デ アウトブズ〕という言い方もあります．

De acolo poţi să mergi pe jos.	そこから歩いて行けるわよ．

pe jos「歩いて」は使用頻度の高い表現の一つです．

いろいろな表現

Track 74

○ Aveți《アヴェツィ》 frați《フラツィ》 sau《サウ》 surori《スロリ》? あなたは兄弟姉妹がいますか？

● Da《ダ》, am《アム》 un《ウン》 frate《フラテ》 mai《マイ》 mic《ミク》 și《シ》 o《オ》 soră《ソラ》 mai《マイ》 mare《マレ》.
はい，弟一人と姉が一人い」ます．

frați は frate の複数形です．surori は soră の複数形です．mai mic と mai mare は，「Dialogul 12.」でも出てきましたが，形容詞の比較級です（→「この課のポイント」）．

○ Aș《アシュ》 vrea《ヴレア》 să《サ》 cumpăr《クムパル》 jacheta《ジャケタ》 aceasta《アチェアスタ》, dar《ダル》 cred《クレド》 că《カ》 este《イェステ》 cam《カム》 mare《マレ》 pentru《ペントル》 mine《ミネ》.
このジャケットを買いたいのですが．でも，私には少し大きいような気がします．
Aveți《アヴェツィ》 un《ウン》 număr《ヌマル》 mai《マイ》 mic《ミク》? より小さいサイズはありますか？

● Cred《クレド》 că《カ》 da《ダ》. Mă《マ》 duc《ドゥク》 să《サ》 văd《ヴァド》.
あると思います．見てきましょう．

cumpăr は a cumpăra の一人称単数形です．cam は，ここでは「やや」の意味で用いられています．să văd は a vedea の一人称単数形で，接続法です．

マラムレシュ地方の絨毯の洗濯の様子

比較級・最上級

Track 75

●形容詞の比較級・最上級

① 形容詞の比較級

形容詞の比較級は **mai** ＋形容詞 の形になります．形容詞の形は変わりません．「～よりも」は接続詞 **decât** を用います．

Takashi《タカシ》 **este**《イェステ》 **mai**《マイ》 **înalt**《ウナルト》 **decât**《デクト》 **Ana.**《アナ》 隆はアナより背が高い．

② 形容詞の最上級

形容詞の最上級は 形容冠詞＋ **mai** ＋形容詞 の形になります．やはり形容詞の形は変わりません．ルーマニア語では，最上級で，形容冠詞という冠詞を用います．形容冠詞は修飾する名詞の性・数に応じて形が異なります．男性・中性単数：**cel**，女性単数：**cea**，男性複数：**cei**，女性・中性複数：**cele**.

Aceasta《アチェアスタ》 **este**《イェステ》 **una**《ウナ》 **dintre**《ディントレ》 **cele**《チェレ》 **mai**《マイ》 **vechi**《ヴェキ》 **biserici**《ビセリチ》 **din**《ディン》 **România.**《ロムニア》

これはルーマニアで最も古い教会の一つです．

●副詞の比較級・最上級

① 副詞の比較級は，形容詞の比較級と同じ形で， **mai** ＋副詞 になります．

Iarna《ヤルナ》 **se**《セ》 **înserează**《ウンセレアザ》 **mai**《マイ》 **devreme**《デヴレメ》 **decât**《デクト》 **vara.**《ヴァラ》 冬は夏より早く日が暮れます．

(**a se însera**［ア セ ウンセラ］「日が暮れる」)

② 副詞の最上級は **cel** ＋ **mai** ＋副詞 の形になります．この形しかありません．

Mi-a《ミア》 **plăcut**《プラクゥト》 **la**《ラ》 **Braşov**《ブラショヴ》 **cel**《チェル》 **mai**《マイ》 **mult.**《ムルト》 私は，ブラショフが一番気に入りました．

寂しくなるわね

O să-mi fie dor de tine.

Track 76

Ana **La《ラ》 ce《チェ》 oră《オラ》 ai《アイ》 mâine《ムイネ》 avionul《アヴィオヌル》?**

Takashi **La《ラ》 ora《オラ》 unsprezece《ウンスプレゼチェ》, dar《ダル》 trebuie《トレブイエ》 să《サ》 ajung《アジュング》 la《ラ》 aeroport《アエロポルト》 cu《ク》 două《ドウア》 ore《オレ》 mai《マイ》 devreme《デヴレメ》.**

Ana **Îmi《ウミ》 pare《パレ》 rău《ラウ》 că《カ》 pleci《プレチ》. O《オ》 să-mi《サミ》 fie《フィエ》 dor《ドル》 de《デ》 tine《ティネ》.**

Takashi **Atunci《アトゥンチ》, vino《ヴィノ》 în《ウン》 Japonia《ジャポニア》!**
O《オ》 să-ți《サツィ》 arăt《アラト》 Tokyo《トウキョウ》 și《シ》 Kyoto《キョウト》.

Ana **Până《プナ》 atunci《アトゥンチ》 o《オ》 să《サ》 învăț《ウンヴァツ》 puțină《プツィナ》 japoneză《ジャポネザ》.**

アナ　明日は何時発の飛行機に乗るの？
隆　11時発だよ．でも，空港には2時間前に行かなくちゃ．
アナ　あなたが行っちゃうなんて残念だわ．寂しくなるわね．
隆　それじゃ，君が日本に来なくちゃ！　君に東京と京都を案内してあげるよ．
アナ　それまで少し日本語を勉強しておくわ．

La ora unsprezece, dar trebuie să ajung la aeroport cu două ore mai devreme.	11時発だよ．でも，空港には2時間前に行かなくちゃ．

ore は **oră** の複数形です．**cu** は，ここでは程度を表しています．

Îmi pare rău că pleci.	あなたが行っちゃうなんて残念だわ．

pleci は **a pleca** 〔ア プレカ〕「出発する，出かける」の二人称単数形です．

O să-mi fie dor de tine.	寂しくなるわね．

O să-mi fie dor de tine. は未来形です．現在の場合は **Mi-e dor de tine.** 〔ミエ ドル デ ティネ〕「あなたがいなくて寂しいです」と言います．未来形は，このように **o** と動詞の接続法を組み合わせてつくることができます．ルーマニア語には，他にも二つの未来形があります（→「この課のポイント」）．

Atunci, vino în Japonia!	それじゃ，君が日本に来なくちゃ！

vino は **a veni** の **tu** に対する命令形です．不規則な形です．「日本に来て！」が直訳です．

O să-ți arăt Tokyo şi Kyoto.	君に東京と京都を案内してあげるよ．

o să-ți arăt は，やはり未来形です（**a arăta**）．

Până atunci o să învăț puțină japoneză.	それまで少し日本語を勉強しておくわ．

o să învăț も未来形です（**a învăța**）．**puțină** 〔プツィナ〕は，数量を表す形容詞 **puțin** 〔プツィン〕「少ない」が女性名詞の単数形の前に置かれた時の形です．**puțin** は代名詞としても使います．

いろいろな表現

Track 77

○ Poți《ポツィ》 să-mi《サ ミ》 dai《ダイ》 numărul《ヌマルル》 tău《タウ》 de《デ》 telefon《テレフォン》?

君の電話番号教えてもらえる？

● Sigur《スィグル》 că《カ》 da《ダ》. もちろん.

○ Mulțumesc《ムルツメスク》, te《テ》 voi《ヴォイ》 suna《スナ》 în《ウン》 curând《クルンド》.

ありがとう，近いうちに電話するよ.

numărul は număr [ヌマル]「番号」に定冠詞 -ul が付いた形です．sigur は「確かな」の意味．「もちろん」は sigur だけでも OK です（→ P.80）．「もちろん」には，よく使うもので bineînțeles [ビネウンツェレス] という言い方もあります．voi suna は未来形です（a suna [ア スナ]「鳴る，鳴らす，電話をする」）．「この課のポイント」を参照してください．în curând は「近いうちに」の意味．使用頻度の高い表現の一つです．

帰国を前にして

Am《アム》 amintiri《アミンティリ》 frumoase《フルモアセ》 din《ディン》 România《ロムニア》.

ルーマニアの楽しい思い出ができました.

○ Mâine《ムイネ》 va《ヴァ》 sosi《ソスィ》 prietena《プリエテナ》 mea《メア》 din《ディン》 România《ロムニア》.

明日，ルーマニアからガールフレンドが来ることになっているんだ.

● Mergi《メルジ》 să《サ》 o《オ》 iei《イェイ》 de《デ》 la《ラ》 aeroport《アエロポルト》?

彼女を空港まで迎えに行くのかい？

va sosi は未来形です（a sosi [ア ソスィ]「到着する」）．a lua は，このように「出迎える」の意味でも使います．o は ea の対格で，prietena mea を受けています．

未来

●未来時制

未来時制では，これから起きることが述べられます．未来形を用いた文は，「～だろう」といった不確実性を表す場合と単に「～である」といった確実性を表す場合があります．例えば，**Mâine va ploua.**〔ムイネ ヴァ プロウア〕「明日は，雨が降るでしょう」と言えば，不確実性を表しており，**Anul acesta voi împlini 20 de ani.**〔アヌル アチェスタ ヴォイ ウムプリニ ドウアゼチ デ アニ〕「私は今年，20歳になります」と言えば，確実性を表しています．

●未来形

ルーマニア語には三つの未来形があります．一つ目は，**o ＋動詞の接続法** という形です．二つ目は **a vrea ＋動詞の原形** という形です．この場合，**a vrea** は，未来の助動詞として用いられた場合，三人称複数以外は派生した形が用いられます（→P.67）．下の表を参照してください．この二つの未来形の意味的違いはありません．三つ目は **a avea ＋動詞の接続法** という形ですが，こちらは口語では，あまり使われません．

① **o ＋動詞の接続法**　**a merge**〔ア メルジェ〕**「行く」の例**

	主語が単数	主語が複数
一人称	**eu**《イェウ》 **o**《オ》 **să**《サ》 **merg**《メルグ》	**noi**《ノイ》 **o**《オ》 **să**《サ》 **mergem**《メルジェム》
二人称	**tu**《トゥ》 **o**《オ》 **să**《サ》 **mergi**《メルジ》	**voi**《ヴォイ》 **o**《オ》 **să**《サ》 **mergeți**《メルジェツィ》
三人称	**el / ea**《イェル / イャ》 **o**《オ》 **să**《サ》 **meargă**《メアルガ》	**ei / ele**《イェイ / イェレ》 **o**《オ》 **să**《サ》 **meargă**《メアルガ》

② **a vrea ＋動詞の原形**　**a scrie**〔ア スクリエ〕**「書く」の例**

	主語が単数	主語が複数
一人称	**voi**《ヴォイ》 **scrie**《スクリエ》	**vom**《ヴォム》 **scrie**《スクリエ》
二人称	**vei**《ヴェイ》 **scrie**《スクリエ》	**veți**《ヴェツィ》 **scrie**《スクリエ》
三人称	**va**《ヴァ》 **scrie**《スクリエ》	**vor**《ヴォル》 **scrie**《スクリエ》

文法編

1　ルーマニア語のアルファベット・発音

Track 78

アルファベット

A	a	［ア］	I	i	［イ］	S	s	［セ / ス］
Ă	ă	［ア］	Î	î	［ウ］	Ş	ş	［シュ］
Â	â	［ウ］	J	j	［ジェ / ジュ］	T	t	［テ / トゥ］
B	b	［ベ / ブ］	K	k	［カ］	Ţ	ţ	［ツ］
C	c	［チェ / ク］	L	l	［レ / ル］	U	u	［ウ］
D	d	［デ / ドゥ］	M	m	［メ / ム］	V	v	［ヴェ / ヴ］
E	e	［エ］	N	n	［ネ / ヌ］	X	x	［イクス］
F	f	［フェ / フ］	O	o	［オ］	Z	z	［ゼット / ズ］
G	g	［ジェ / グ］	P	p	［ペ / プ］			
H	h	［ハシュ / フ］	R	r	［レ / ル］			

カナ表記での後者は口語形です．また上記の他に，外国語の表記のために，Q, q［キュ］，W, w［ドゥブルヴェ］，Y, y［イグレック］が用いられることがあります．

発音

私たち日本人にとって，発音が易しいのはルーマニア語の大きな利点です．次に挙げたようなルールを知っていれば，ルーマニア語はだいたい間違いなく読むことができます．母音については，アとウがそれぞれ二つあること，e の読み方が品詞によって違うことを頭に入れておけば OK です．二重母音がありますが，注意が必要なものは限られています．また，子音についても以下を読んでもらえば分かりますが，問題になるのは，c の他いくつかあるだけです．見慣れない文字もありますが，発音そのものは簡単です．また，ルーマニア語のアクセントには決まったルールはありません.

Track 79

1. 母音

① 七つの母音

ルーマニア語には a, e, i, o, u, ă, â / î の八つのアルファベットで表す，七つの母音があります．â と î は同じ発音です．a, e, i, o の四つについては，日本語のア，エ，イ，オと考えてもらって大丈夫です．ただし，e は人称代名詞と a fi では，頭に「イ」の音が入ります．ルーマニア語では短母音と長母音を区別していません．

a　pat [パト] ベッド
e　bere [ベレ] ビール　eu [イェウ] 私　este [イェステ]（a fi の三人称単数形）
i　bine [ビネ] 良い
o　om [オム] 人
u　unde [ウンデ] どこ

Track 80

② ă, â, î の発音

アルファベットの中に見なれない文字がありますね．ă, â, î の三つの文字はどう発音するのでしょう．ă は，a よりあいまいな発音をします．日本語のアよりも口の開きが小さくなります．â と î は同じ発音で，日本語のウに近いのですが，唇を引くようにして発音します．â は「ウディンア」と言います．î は「ウディンイ」と言います．語中では â と表記し，語頭と語尾では î と表記します．u は唇をまるめてとがらせて発音します．ルーマニア語では â = î と u をはっきり区別しています．あいまいにしていると通じないことがあるので注意しましょう．

ă　vară [ヴァラ] 夏
â　mâine [ムイネ] 明日
î　în [ウン] ～の中に　　a coborî [ア コボル] 降りる

Track 81

③ 二重母音

e, i, o, u は半母音として，後に続く他の母音と共に二重母音になります．二重母音はひとつの母音のように発音します．二重母音を切り離して，別の音のように発音するのは間違いです．

neagră [ネアグラ] 黒の
iunie [ユニエ] 6 月

foarte [フォアルテ] とても
ziua [ズィワ] 日

Track 82

2. 子音

ここでは，知らないと間違って発音してしまいそうなものを挙げておきます．

① c の発音

c は a, o, u の前ではカ行音です．ただし，e の前では「チェ」，i の前では「チ」の音になります．

cald [カルド] 暑い　　ce [チェ] 何　　cine [チネ] 誰

② che, chi の発音

che, chi は「チェ」，「チ」でなく，カ行音で発音します．注意しましょう．

chelner [ケルネル] ウエイター　　a deschide [ア デスキデ] 開ける

③ g の発音

g は a, o, u の前では，ガ行音ですが，e, i の前では「ジ」の音になります．ge は「ジェ」，gi は「ジ」と発音します．

gară [ガラ] 駅　　a merge [ア メルジェ] 行く
mergi [メルジ]（a merge の二人称単数形）

④ ş と ț の発音

ş は English の sh と同じで，「シュ」の発音．ț は日本語の「ツ」の発音になります．

şcoală [シュコアラ] 学校　　mulțumit [ムルツミト] 満足した

⑤ v の発音

v は有声音です．濁って発音します．「フ」でなく，「ヴ」です．上の歯が軽く下の唇に当たります．

verde [ヴェルデ] 緑の

2　数詞にも男性と女性の区別がある？

●基数詞

基数詞については，「Dialogul 5.」と「Dialogul 13.」で取り上げましたが，ここでは注意すべき点について触れておきます．

1. 1と2について

21，31など20以上の数での1を表すときは，男性名詞の前ではunuを，女性名詞の前ではunaを用います．さらに，基数詞の「1」は男性名詞の前では，不定冠詞と同じ形のun [ウン] を，女性名詞の前では，やはり不定冠詞と同じ形のo [オ] を用います．基数詞の「2」は男性名詞の前ではdoiを，女性名詞の前ではdouăを用います．

男性名詞の場合の例：un student [ウン ストゥデント] 一人の男子学生
　　　　　　　　　　doi studenți [ドイ ストゥデンツィ] 二人の男子学生
女性名詞の場合の例：o sticlă de bere [オ スティクラ デ ベレ] ビール一杯
　　　　　　　　　　două zile [ドウア ズィレ] 2日

2. 11から19まで

11から19までは，spre + zeceが付きます．spreは「～へ，～に向かって」の意味の前置詞です．

13　treisprezece [トレイスプレゼチェ]

3. 20以上10の位

20以上10の位は，zeceの複数形zeciが付きます．また，20以上では，10の位と1の位の間に接続詞şiを置きます．

30　treizeci [トレイゼチ]　　　33　treizeci şi trei [トレイゼチ シ トレイ]

4. 100と1 000，前置詞deが必要な場合

sută [スタ]「100」の複数形はsute [ステ]，mie [ミエ]「1 000」の複数形はmii [ミイ] です．いずれも女性名詞です．20以上の数詞が名詞と結びつく場合，名詞の前に前置詞のdeを置くことが必要です．

nouăsprezece mere [ノウアスプレゼチェ メレ] 19個のリンゴ
douăzeci de mere [ドウアゼチ デ メレ] 20個のリンゴ
nouăsprezece dolari [ノウアスプレゼチェ ドラリ] 19ドル
douăzeci de dolari [ドウアゼチ デ ドラリ] 20ドル
nouăsprezece mii [ノウアスプレゼチェ ミイ] 19 000
douăzeci de mii [ドウアゼチ デ ミイ] 20 000

Track 83

●序数詞

序数詞は，「1番目の」「2番目の」といった順番を表します．序数詞の「1」は primul（男性・中性形）と prima（女性形）．「2」以上の場合，属格冠詞を前に置き，基数詞に，男性・中性形では -lea を，女性形では -a を付けます．

男性形の例：Carol al doilea [カロル アル ドイレア] カロル二世
女性形の例：maşină la mâna a doua [マシナ ラ ムナ ア ドウア] 中古車
※ mâna a doua は「セカンドハンド」の意味．

	男性・中性形	女性形		男性・中性形	女性形
1	primul プリムル	prima プリマ	7	al şaptelea アル　シャプテレア	a şaptea ア　シャプテア
2	al doilea アル　ドイレア	a doua ア　ドウア	8	al optulea アル　オプトレア	a opta ア　オプタ
3	al treilea アル　トレイレア	a treia ア　トレイア	9	al nouălea アル　ノウアレア	a noua ア　ノウア
4	al patrulea アル　パトルレア	a patra ア　パトラ	10	al zecelea アル　ゼチェレア	a zecea ア　ゼチェア
5	al cincilea アル　チンチレア	a cincea ア　チンチェア	11	al unsprezecelea アル　ウンスプレゼチェレア	a unsprezecea ア　ウンスプレゼチェア
6	al şaselea アル　シャセレア	a şasea ア　シャセア	100	al o sutălea アル　オ　スタレア	a o suta ア　オ　スタ

※名詞の後に置く時，「1番目の」は întâi を用います．例：Carol întâi [カロル　ウントゥイ]「カロル一世」

3 暦

昔，ヴィットリオ・デ・シーカ監督，ソフィア・ローレン主演で，「昨日・今日・明日」というタイトルの映画がありました．ルーマニア語のそれは，「イェリ，アスタズィ（アズィ），ムイネ」です．

日		
ieri　昨日 イェリ	astăzi, azi　今日 アスタズィ　アズィ	mâine　明日 ムイネ
alaltăieri　おととい アラルタイエリ		poimâinc　あさって ポイムイネ

週・月・年		
săptămâna trecută　先週 サプタムナ　トレクゥタ	săptămâna aceasta　今週 サプタムナ　アチェアスタ	săptămâna viitoare　来週 サプタムナ　ヴィイトアレ
luna trecută　先月 ルナ　トレクゥタ	luna aceasta　今月 ルナ　アチェアスタ	luna viitoare　来月 ルナ　ヴィイトアレ
anul trecut　去年 アヌル　トレクゥト	anul acesta　今年 アヌル　アチェスタ	anul viitor　来年 アヌル　ヴィイトル

※口語では acesta / aceasta の代わりに ăsta / asta［アスタ］を使うこともあります。

曜日		
luni　月曜日 ルニ	marți　火曜日 マルツィ	miercuri　水曜日 ミエルクリ
joi　木曜日 ジョイ	vineri　金曜日 ヴィネリ	sâmbătă　土曜日 スムバタ
duminică　日曜日 ドゥミニカ		

「毎～」という表現

în fiecare zi	ウン　フィエカレ　ズィ	毎日
în fiecare săptămână	ウン フィエカレ　サプタムナ	毎週
în fiecare an	ウン　フィエカレ　アン	毎年

月

ianuarie	ヤヌアリエ	1月
februarie	フェブルアリエ	2月
martie	マルティエ	3月
aprilie	アプリリエ	4月
mai	マイ	5月
iunie	ユニエ	6月
iulie	ユリエ	7月
august	アウグスト	8月
septembrie	セプテムブリエ	9月
octombrie	オクトムブリエ	10月
noiembrie	ノイエムブリエ	11月
decembrie	デチェムブリエ	12月

季節

primăvara	プリマヴァラ	春
vara	ヴァラ	夏
toamna	トアムナ	秋
iarna	ヤルナ	冬

※定冠詞を付けます.

Track 85 4 国および国と関連した表現

Japonia《ジャポニア》 日本	japonez《ジャポネズ》 日本人（男） japoneză《ジャポネザ》 日本人（女）	japonez《ジャポネズ》 / japoneză《ジャポネザ》 日本風（式）の
Franța《フランツァ》 フランス	francez《フランチェズ》 フランス人（男） franțuzoaică《フランツゾアイカ》 フランス人（女）	franțuzesc《フランツゼスク》 / franțuzească《フランツゼアスカ》 フランス風（式）の
Germania《ジェルマニア》 ドイツ	neamț《ネアムツ》 ドイツ人（男） nemțoaică《ネムツォアイカ》 ドイツ人（女）	nemțesc《ネムツェスク》 / nemțească《ネムツェアスカ》 ドイツ風（式）の
Anglia《アングリア》 イギリス	englez《エングレズ》 イギリス人（男） englezoaică《エングレゾアイカ》 イギリス人（女）	englezesc《エングレゼスク》 / englezească《エングレゼアスカ》 イギリス風（式）の
China《キナ》 中国	chinez《キネズ》 中国人（男） chinezoaică《キネゾアイカ》 中国人（女）	chinezesc《キネゼスク》 / chinezească《キネゼアスカ》 中国風（式）の
Rusia《ルスィア》 ロシア	rus《ルス》 ロシア人（男） rusoaică《ルソアイカ》 ロシア人（女）	rusesc《ルセスク》 / rusească《ルセアスカ》 ロシア風（式）の

※形容詞の後者は女性名詞を修飾する時の形です．japonez, francez, englez, chinez, rus はそれぞれ順番に「日本の」「フランスの」「イギリスの」「中国の」「ロシアの」の意味でも使います．ちなみに，「ドイツの」は neamț でなく，german［ジェルマン］と言います．

Track 86

言語

limba japoneză リムバ　ジャポネザ 日本語	limba franceză リムバ　フランチェザ フランス語	limba germană リムバ　ジェルマナ ドイツ語
limba engleză リムバ　エングレザ 英語	limba chineză リムバ　キネザ 中国語	limba rusă リムバ　ルサ ロシア語

Track 87

5　色

男性・中性単数	女性単数	男性複数	女性・中性複数
alb　白い アルブ	albă アルバ	albi アルビ	albe アルベ
albastru　青い アルバストル	albastră アルバストラ	albaştri アルバシュトリ	albastre アルバストレ
galben　黄色い ガルベン	galbenă ガルベナ	galbeni ガルベニ	galbene ガルベネ
negru　黒い ネグル	neagră ネアグラ	negri ネグリ	negre ネグレ
roşu　赤い ロシュ	roşie ロシエ	roşii ロシイ	(男性複数と同形)
verde　緑の ヴェルデ	(男性・中性単数と同形)	verzi ヴェルズィ	(男性複数と同形)

※「色」は culoare［クロアレ］と言います.

6　人称代名詞

人称代名詞の一人称と二人称には単数・複数共に属格がありません. 人称代名詞の格変化をまとめてみました. 出てきた時にそのつど, 形を確認するようにしましょう.

	単数 一人称	単数 二人称	単数 三人称		複数 一人称	複数 二人称	複数 三人称	
主格	eu《イエウ》	tu《トゥ》	el《イエル》	ea《ヤ》	noi《ノイ》	voi《ヴォイ》	ei《イエイ》	ele《イエレ》
属格	-	-	lui《ルイ》	ei《イエイ》	-	-	lor《ロル》	lor《ロル》
与格	îmi《ウミ》	îţi《ウツィ》	îi《ウイ》	îi《ウイ》	ne《ネ》	vă《ヴァ》	le《レ》	le《レ》
強形	mie《ミエ》	ţie《ツィエ》	lui《ルイ》	ei《イエイ》	nouă《ノウア》	vouă《ヴォウア》	lor《ロル》	lor《ロル》
対格	mă《マ》	te《テ》	îl《ウル》	o《オ》	ne《ネ》	vă《ヴァ》	îi《ウイ》	le《レ》
強形	pe《ペ》 mine《ミネ》	pe《ペ》 tine《ティネ》	pe《ペ》 el《イエル》	pe《ペ》 ea《ヤ》	pe《ペ》 noi《ノイ》	pe《ペ》 voi《ヴォイ》	pe《ペ》 ei《イエイ》	pe《ペ》 ele《イエレ》

※この表では，対格強形の表示として，前置詞 pe を付けています．

強形は，強調する場合に用います．また，前置詞と共に用いる場合や比較級で，接続詞 decât の後でも，強形を用います．

Şi《シ》 mie《ミエ》 îmi《ウミ》 pare《パレ》 bine《ビネ》 că《カ》 ne-am《ネ アム》 cunoscut《クノスクゥト》.

私も私たちが知り合いになれてよかったです．

7 どこに付けるの？ ルーマニア語の冠詞

●不定冠詞

不定冠詞には，「ある一つの，いくつかの」という意味があります．例えば，「私はルーマニア人の男の友達がいます」という場合，不定冠詞を用いて Am un prieten din România.［アム　ウン　プリエテン　ディン　ロムニア］と言います．友達が複数であれば，nişte prieteni［ニシテ　プリエテニ］．定冠詞を用いると「その友達」，「その友達たち」という意味になってしまいます．でも，話し相手にとっては未知の人間ですから，会話ではじめて言及する場合は不定冠詞を使います．不定冠詞は名詞の前に置かれます．

●定冠詞

すでに述べたように，ルーマニア語では，定冠詞は名詞の後に付きます．定冠詞はどんな場合に付けるのでしょうか？　話の中で，すでに出てきたものに対しては，定冠詞を付けます．また，定冠詞は特定のものに対しても使います．例えば，太陽と言えば，私たちは普段見ている太陽を思い浮かべますね．こんな場合は，定冠詞を付けます．soarele〔ソアレレ〕といった具合です．soarele は soare〔ソアレ〕「太陽」に定冠詞 -le が付いた形です．

8　冠詞と名詞の格変化

ルーマニア語には主格，属格，与格，対格，そして呼格の五つの格があります．主格，属格，与格，対格の四つの格は，だいたい日本語の「が」，「の」，「に」，「を」に対応しています．呼格は文字どおり，呼びかける場合に使うので，使う場面が限られています．さらに，格変化についても人称代名詞など一部の品詞を除けば，主格と対格，属格と与格が同じ変化をするので，実際の変化はそれほど多くありません．安心してください．

1. 不定冠詞と名詞の格変化

男性・中性名詞の単数は，不定冠詞の形が属格・与格で unui に，複数で unor に変わります．中性名詞は，単数で男性名詞と同じ冠詞が付き，同じ変化をしますが，複数では女性名詞と同じ冠詞が付き，同じ変化をします．女性名詞の単数は，不定冠詞の形が属格・与格で unei に，複数で unor に変わります．

	男性・中性 単数	女性 単数	男性 複数	女性・中性 複数
主格・対格	un《ウン》 băiat《バヤト》	o《オ》 fată《ファタ》	nişte《ニシテ》 băieți《バイエツィ》	nişte《ニシテ》 fete《フェテ》
属格・与格	unui《ウヌイ》 băiat《バヤト》	unei《ウネイ》 fete《フェテ》	unor《ウノル》 băieți《バイエツィ》	unor《ウノル》 fete《フェテ》

băiat〔バヤト〕「少年」，fată〔ファタ〕「少女」

2. 定冠詞と名詞の格変化

男性名詞の属格・与格の定冠詞は，単数で -(u)lui に，複数で -lor に変わります．中性名詞の属格・与格は，単数で男性名詞と同じ定冠詞が付きますが，複数では女性名詞と同じ定冠詞が付きます．女性名詞の属格・与格の定冠詞は単数で -i に，複数で -lor に変わります．女性名詞は属格・与格で形が変わりますが，一部を除いて，ほとんどは複数形と同じ形です．それ以外は，格による名詞の形の変化はありません．

	男性・中性 単数	女性 単数	男性 複数	女性・中性 複数
主格・対格	băiatul《バヤトゥル》 muntele《ムンテレ》 scaunul《スカウヌル》	fata《ファタ》	băieții《バイエツィイ》 munții《ムンツィイ》	fetele《フェテレ》 scaunele《スカウネレ》
属格・与格	băiatului《バヤトゥルイ》 muntelui《ムンテルイ》 scaunului《スカウヌルイ》	fetei《フェテイ》	băieților《バイエツィロル》 munților《ムンツィロル》	fetelor《フェテロル》 scaunelor《スカウネロル》

scaun［スカウン］「椅子」（中性名詞）

	呼格
domn《ドムン》 紳士	Domnule!《ドムヌレ》 紳士よ！
doamnă《ドアムナ》 淑女	Doamnă!《ドアムナ》 淑女よ！
domnişoară《ドムニショアラ》 お嬢さん	Domnişoară!《ドムニショアラ》 お嬢さんよ！

※ domn は，定冠詞 -ul を付けてから，さらに -e を付けます．doamnă と domnişoară は形が変わりません．

9　いろいろなタイプもあれば格変化もする形容詞

1. 形容詞の形

形容詞は，名詞を修飾する場合でも述語的用法でも，名詞の性・数に応じて形が変化します．四つの形で変化するものの他に，三つの形，あるいは二つの形で変化するものがあります．また，maro〔マロ〕「褐色の」のように，まったく変化しないものもあります．

① 四つの形で変化する主な形容詞

四つの形の変化の場合，形容詞の語尾は名詞の語尾と同じ形になります．

男性・中性単数	女性単数	男性複数	女性・中性複数
frumos《フルモス》 美しい	frumoasă《フルモアサ》	frumoşi《フルモシ》	frumoase《フルモアセ》
înalt《ウナルト》 高い	înaltă《ウナルタ》	înalţi《ウナルツィ》	înalte《ウナルテ》
scund《スクンド》 低い	scundă《スクンダ》	scunzi《スクンズィ》	scunde《スクンデ》
scurt《スクルト》 短い	scurtă《スクルタ》	scurţi《スクルツィ》	scurte《スクルテ》
dificil《ディフィチル》 難しい	dificilă《ディフィチラ》	dificili《ディフィチリ》	dificile《ディフィチレ》
uşor《ウショル》 簡単な	uşoară《ウショアラ》	uşori《ウショリ》	uşoare《ウショアレ》

② 三つの形で変化する形容詞

男性・中性単数	女性単数	複数
mic《ミク》 小さい	mică《ミカ》	mici《ミチ》
lung《ルング》 長い	lungă《ルンガ》	lungi《ルンジ》
nou《ノウ》 新しい	nouă《ノウア》	noi《ノイ》

③　二つの形で変化する形容詞

単数	複数
mare　大きい マレ dulce　甘い ドゥルチェ	mari マリ dulci ドゥルチ

単数	複数
vechi（男性・中性）古い ヴェキ veche（女性） ヴェケ	vechi ヴェキ

vechi は女性単数の名詞を修飾する場合で，形が変わります．
例：o clădire veche［オ　クラディレ　ヴェケ］「古い建物」

2. 名詞を修飾する形容詞の格変化

名詞や冠詞の形が，格に応じて変化することは学びました．それでは名詞を修飾する形容詞も格変化するのでしょうか？　はい，形容詞もやはり形が変わります．ただし，女性単数の属格・与格だけです．しかも複数形と同じ形ですから，あまり心配する必要はありません．

	男性・中性単数	女性単数
主格・対格	un profesor bun ウン　プロフェソル　ブン 良い教師	o profesoară bună オ　プロフェソアラ　ブナ 良い（女性の）教師
属格・与格	unui profesor bun ウヌイ　プロフェソル　ブン	unei profesoare bune ウネイ　プロフェソアレ　ブネ

	男性複数	女性・中性複数
主格・対格	nişte profesori buni ニシテ　プロフェソリ　ブニ 良い教師たち	nişte profesoare bune ニシテ　プロフェソアレ　ブネ 良い（女性の）教師たち
属格・与格	unor profesori buni ウノル　プロフェソリ　ブニ	unor profesoare bune ウノル　プロフェソアレ　ブネ

10　動詞の活用：直説法現在

直説法現在の動詞の活用を次にまとめました.

1. 第 1 活用動詞（語尾が -a で終わる動詞）の活用

a タイプ：一人称単数の語尾が無語尾のもの

a anunţa［ア　アヌンツァ］「知らせる」の例

	主語が単数	主語が複数
一人称	eu anunţ イェウ　アヌンツ	noi anunţăm ノイ　アヌンツァム
二人称	tu anunţi トゥ　アヌンツィ	voi anunţaţi ヴォイ　アヌンツァツィ
三人称	el / ea anunţă イェル / ヤ　アヌンツァ	ei / ele anunţă イェイ / イェレ　アヌンツァ

b タイプ：一人称単数の語尾が -ez になるもの

a lucra［ア ルクラ］「働く」の例

	主語が単数	主語が複数
一人称	eu lucrez イェウ　ルクレズ	noi lucrăm ノイ　ルクラム
二人称	tu lucrezi トゥ　ルクレズィ	voi lucraţi ヴォイ　ルクラツィ
三人称	el / ea lucrează イェル / ヤ　ルクレアザ	ei / ele lucrează イェイ / イェレ　ルクレアザ

2. 第 2 活用動詞（語尾が -ea で終わる動詞）の活用

a vedea［ア ヴェデア］「見る，会う」の例

	主語が単数	主語が複数
一人称	eu văd イエウ　ヴァド	noi vedem ノイ　ヴェデム
二人称	tu vezi トゥ　ヴェズィ	voi vedeți ヴォイ　ヴェデツィ
三人称	el / ea vede イエル / ヤ　ヴェデ	ei / ele văd イエイ / イエレ　ヴァド

※ a vedea は，一人称単数と三人称複数で語幹の母音 e が ă に，二人称単数で語幹の子音 d が z に交替します．

3. 第 3 活用動詞（語尾が -e で終わる動詞）の活用

a vinde［ア ヴィンデ］「売る」の例

	主語が単数	主語が複数
一人称	eu vând イエウ　ヴンド	noi vindem ノイ　ヴィンデム
二人称	tu vinzi トゥ　ヴィンズィ	voi vindeți ヴォイ　ヴィンデツィ
三人称	el / ea vinde イエル / ヤ　ヴィンデ	ei / ele vând イエイ / イエレ　ヴンド

※ a vinde は，一人称単数・三人称複数で，語幹の母音 i が â に，二人称単数で，語幹の子音 d が z に交替します．

4. 第4活用動詞（語尾が -i，あるいは î で終わる動詞）の活用

a タイプ：一人称単数の語尾が無語尾のもの

a dormi〔ア ドルミ〕「眠る」の例

	主語が単数	主語が複数
一人称	eu dorm《イェウ　ドルム》	noi dormim《ノイ　ドルミム》
二人称	tu dormi《トゥ　ドルミ》	voi dormiți《ヴォイ　ドルミツィ》
三人称	el / ea doarme《イェル / ヤ　ドアルメ》	ei / ele dorm《イェイ / イェレ　ドルム》

※ a dormi は，三人称単数で語幹の母音 o が oa に交替します．

b タイプ（一人称単数・三人称複数の語尾が -esc になるもの）

a vorbi〔ア ヴォルビ〕「話す」の例

	主語が単数	主語が複数
一人称	eu vorbesc《イェウ　ヴォルベスク》	noi vorbim《ノイ　ヴォルビム》
二人称	tu vorbeşti《トゥ　ヴォルベシュティ》	voi vorbiți《ヴォイ　ヴォルビツィ》
三人称	el / ea vorbeşte《イェル / ヤ　ヴォルベシュテ》	ei / ele vorbesc《イェイ / イェレ　ヴォルベスク》

5. 不規則動詞 a scrie〔ア スクリエ〕「書く」の活用

	主語が単数	主語が複数
一人称	eu scriu《イェウ　スクリウ》	noi scriem《ノイ　スクリエム》
二人称	tu scrii《トゥ　スクリイ》	voi scrieți《ヴォイ　スクリエツィ》
三人称	el / ea scrie《イェル / ヤ　スクリエ》	ei / ele scriu《イェイ / イェレ　スクリウ》

※ a scrie は，一人称単数・三人称複数で語尾が -u になります．

6. これまで出てきませんでしたが，知っておいて欲しい基本的な規則動詞の活用をいくつか挙げておきます．

a râde〔ア ルデ〕「笑う」（第 3 活用動詞）と a plânge〔ア プルンジェ〕「泣く」（第 3 活用動詞）

	主語が単数	主語が複数
一人称	eu râd イェウ　ルド	noi râdem ノイ　ルデム
二人称	tu râzi トゥ　ルズィ	voi râdeţi ヴォイ　ルデツィ
三人称	el / ea râde イェル / ヤ　ルデ	ei / ele râd イェイ / イェレ　ルド

※ a râde は，二人称単数で語幹の子音 d が z に交替します．

	主語が単数	主語が複数
一人称	eu plâng イェウ　プルング	noi plângem ノイ　プルンジェム
二人称	tu plângi トゥ　プルンジ	voi plângeţi ヴォイ　プルンジェツィ
三人称	el / ea plânge イェル / ヤ　プルンジェ	ei / ele plâng イェイ / イェレ　プルング

a aprinde〔ア　アプリンデ〕「（明かりなどを）つける」（第 3 活用動詞）と a stinge「ア　スティンジェ〕「（明かりなどを）消す」（第 3 活用動詞）

	主語が単数	主語が複数
一人称	eu aprind イェウ　アプリンド	noi aprindem ノイ　アプリンデム
二人称	tu aprinzi トゥ　アプリンズィ	voi aprindeți ヴォイ　アプリンデツィ
三人称	el / ea aprinde イェル / ヤ　アプリンデ	ei / ele aprind イェイ / イェレ　アプリンド

※ a aprinde は，二人称単数で語幹の子音 d が z に交替します．

	主語が単数	主語が複数
一人称	eu sting イェウ　スティング	noi stingem ノイ　スティンジェム
二人称	tu stingi トゥ　スティンジィ	voi stingeți ヴォイ　スティンジェツィ
三人称	el / ea stinge イェル / ヤ　スティンジェ	ei / ele sting イェイ / イェレ　スティング

a plăti〔ア　プラティ〕「支払う」（第 4 活用動詞 b タイプ）と a folosi〔ア　フォロスィ〕「使う」（第 4 活用動詞 b タイプ）

	主語が単数	主語が複数
一人称	eu plătesc イェウ　プラテスク	noi plătim ノイ　プラティム
二人称	tu plătești トゥ　プラテシュティ	voi plătiți ヴォイ　プラティツィ
三人称	el / ea plătește イェル / ヤ　プラテシュテ	ei / ele plătesc イェイ / イェレ　プラテスク

	主語が単数	主語が複数
一人称	eu《イェウ》 folosesc《フォロセスク》	noi《ノイ》 folosim《フォロスィム》
二人称	tu《トゥ》 foloseşti《フォロセシュティ》	voi《ヴォイ》 folosiți《フォロスィツィ》
三人称	el《イェル》 / ea《ヤ》 foloseşte《フォロセシュテ》	ei《イェイ》 / ele《イェレ》 folosesc《フォロセスク》

11　いろいろな形がある命令法

命令形は tu（親称単数）に対するものと voi（親称複数）および dumneavoastră（尊称）に対するものとがあります.

1．tu に対する命令

① 第 1 活用動詞，第 4 活用動詞は直説法現在の三人称単数形と同じ形になります（第 4 活用動詞 a タイプの自動詞は②を参照）．a învăța の例を挙げておきます.

Învață《ウンヴァツァ》 mai《マイ》 mult《ムルト》!　もっと勉強しなさい！

② 第 2 活用動詞，第 3 活用動詞，第 4 活用動詞（a タイプ）のうち，自動詞（目的語をとらない動詞）は直接法現在の二人称単数形と同じ形になります．a merge（第 3 活用動詞）と a dormi（第 4 活用動詞 a タイプ）の例を挙げておきます.

Mergi《メルジ》!　行って！　　Dormi《ドルミ》!　眠って！

③ a fi，a avea，a veni（→「Dialogul 22.」）などは不規則です.

Fii《フィイ》 atent《アテント》 / atentă《アテンタ》!　注意して！

Ai《アイ》 grija《グリジャ》!　気をつけて（お大事に）！

2. voi および dumneavoastră に対する命令

① voi および dumneavoastră に対する命令形は，直説法現在の二人称複数形と同じ形を用います．a aştepta と a fi の例を挙げておきます．

Aşteptaţi!《アシュテプタツィ》 （君たち）待って／待ってください！

a fi は不規則です．

Fiţi《フィツィ》 atent《アテント》 / atentă!《アテンタ》 （君たち）注意して／注意してください！

3. 否定命令

tu に対する否定命令は，a なしの原形と nu を共に用います．voi および dumneavoastră に対する否定命令は，肯定の場合と同様に，直接法現在の二人称複数形と同じ形で，やはり nu を共に用います．

① tu に対する否定命令

Nu《ヌ》 atinge!《アティンジェ》 さわらないで！（a atinge [ア アティンジェ]「さわる」）

② voi および dumneavoastră に対する否定命令

Nu《ヌ》 ezitaţi!《エズィタツィ》 （君たち）遠慮しないで／遠慮しないでください！
（a ezita [ア エズィタ]「遠慮する」）

12 もう済んだこと？ 複合過去形

完了や経験など現在に関係があることについて述べる場合，複合過去形を用います．また，過去の動作・出来事，つまりもう済んだことについて述べる場合も，複合過去形を用います．

1. 複合過去形の用法

① 完了：Am《アム》 cumpărat《クムパラト》 deja《デジャ》 biletul.《ビレトゥル》 切符をもう買いました．

② 経験：N-am《ナム》 întâlnit-o《ウントゥルニト》 pe《ペ》 Ana《アナ》 niciodată《ニチオダタ》.
アナに一度も会ったことがありません.

③ 過去の動作・出来事：M-am《マム》 distrat《ディストラト》. 楽しかったです.

(a se distra［アセディストラ］「楽しむ」)

2. 複合過去形における目的語の二重表現

複合過去形の文では，対格目的語が男性の場合，人称代名詞は a avea の前に置かれて，これと融合した形を作り，女性の場合，人称代名詞は動詞の過去分詞とハイフンでつなぎます.

① 対格目的語が男性の場合

Ieri《イェリ》 l-am《ラム》 sunat《スナト》 pe《ペ》 Takashi《タカシ》. 昨日，私は隆に電話しました.

② 対格目的語が女性の場合

Ieri《イェリ》 am《アム》 sunat-o《スナト》 pe《ペ》 Ana《アナ》. 昨日，私はアナに電話しました.

3. 知っておいて欲しい基本的動詞と表現の複合過去形の例

原形	現在	過去
a începe ア　ウンチェペ 始まる	Începe. ウンチェペ 始まります.	A început. ア　ウンチェプゥト 始まりました.
a se termina ア　セ　テルミナ 終わる	Se termină. セ　テルミナ 終わります.	S-a terminat. サ　　テルミナト 終わりました.
a ploua ア　プロウア 雨が降る	Plouă. プロウア 雨が降ります.	A plouat. ア　プロウアト 雨が降りました.
a ninge ア　ニンジェ 雪が降る	Ninge. ニンジェ 雪が降ります.	A nins. ア　ニンス 雪が降りました.
a se scula ア　セ　スクラ 起床する	Mă scol devreme. マ　スコル　デヴレメ 私は早く起床します.	M-am sculat devreme. マム　　スクラト　デヴレメ 私は早く起床しました.
a se culca ア　セ　クルカ 就寝する	Mă culc târziu. マ　クルク　トゥルズィウ 私は遅く就寝します.	M-am culcat târziu. マム　クルカト　トゥルズィウ 私は遅く就寝しました.
a lua micul dejun ア　ルア　ミクル　デジュン 朝食をとる	Iau micul dejun. ヤウ　ミクル　デジュン 私は朝食をとります.	Am luat micul dejun. アム　ルアト　ミクル　デジュン 私は朝食をとりました.
a lua masa de prânz ア　ルア　マサ　デ　プルンズ 昼食をとる	Iau masa de prânz. ヤウ　マサ　デ　プルンズ 私は昼食をとります.	Am luat masa de prânz. アム　ルアト　マサ　デ　プルンズ 私は昼食をとりました.
a cina ア　チナ 夕食をとる	Cinez acasă. チネズ　アカサ 私は家で夕食をとります.	Am cinat acasă. アム　チナト　アカサ 私は家で夕食をとりました.

※ micul は mic dejun〔ミク デジュン〕「朝食」の mic に定冠詞 -ul が付いた形.

13　定冠詞といっしょに使う所有形容詞

ルーマニア語では，所有を表す場合，属格と併せて所有形容詞を用います．所有形容詞は，所有される名詞の性・数によって形が異なります．また，女性名詞の単数形の後に置かれる所有形容詞の属格・与格は，複数形と同じ形になります．ルーマニア語では，定冠詞と所有形容詞がいっしょに用いられます．本編で取り上げなかった，所有者が複数の所有形容詞 nostru「私たちの」・vostru「君たちの」の形を次に挙げておきます．

	男性・中性 単数	女性 単数	男性 複数	女性・中性 複数
主格・対格	nostru《ノストル》	noastră《ノアストラ》	noştri《ノシュトリ》	noastre《ノアストレ》
属格・与格	nostru《ノストル》	noastre《ノアストレ》	noştri《ノシュトリ》	noastre《ノアストレ》

例：profesorul nostru［プロフェソルル ノストル］私たちの先生

	男性・中性 単数	女性 単数	男性 複数	女性・中性 複数
主格・対格	vostru《ヴォストル》	voastră《ヴォアストラ》	voştri《ヴォシュトリ》	voastre《ヴォアストレ》
属格・与格	vostru《ヴォストル》	voastre《ヴォアストレ》	voştri《ヴォシュトリ》	voastre《ヴォアストレ》

●所有代名詞

ルーマニア語では，所有形容詞と属格冠詞を組み合わせて所有代名詞をつくります．一人称，二人称の例で，それぞれ所有代名詞の四つの形を挙げておきます．

	男性・中性 単数	女性 単数	男性 複数	女性・中性 複数
一人称（私のもの）	al meu《アル メウ》	a mea《ア メア》	ai mei《アイ メイ》	ale mele《アレ メレ》
二人称（君のもの）	al tău《アル タウ》	a ta《ア タ》	ai tăi《アイ タイ》	ale tale《アレ タレ》

※性・数は所有者のそれでなく，所有される名詞の性・数です．

14　前置詞の格支配

前置詞は，それぞれの前置詞によって後にくる名詞の格が決まっています．これを前置詞の格支配と呼んでいます．ただ，多くの前置詞は対格の名詞を支配します．属格と与格の名詞を支配する前置詞は多くないので，あまり気にする必要はありません．出てきたら，そのつど確認するようにしましょう．

1．対格を支配する前置詞

cu《ク》 ～で，～と，～といっしょに	de《デ》 ～の，～から	despre《デスプレ》 ～について
din《ディン》 ～の，～から	după《ドゥパ》 ～の後に	la《ラ》 ～で，～へ
pe《ペ》 ～の上に	pentru《ペントル》 ～のために	până《プナ》 ～まで
sub《スブ》 ～の下に	spre《スプレ》 ～へ，～に向かって	

Învăț《ウンヴァツ》 limba《リムバ》 română《ロムナ》 de《デ》 trei《トレイ》 ani《アニ》.
ルーマニア語を学んで３年になります.

după《ドゥパ》 aceea《アチェーア》 その後

la《ラ》 începutul《ウンチェプゥトゥル》 / sfârşitul《スフルシトゥル》 lunii《ルニイ》 ianuarie《ヤヌアリエ》. １月上旬／下旬

2. 属格を支配する前置詞

din《ディン》 cauza《カウザ》 ～のせいで

Sunt《スント》 obosit《オボスィト》 din《ディン》 cauza《カウザ》 căldurii《カルドゥリイ》. 暑さでまいって（疲れて）います.

căldurii は căldură［カルドゥラ］「暑さ」の属格です（定冠詞付き）.

3. 与格を支配する前置詞

datorită《ダトリタ》 ～のおかげで

Datorită《ダトリタ》 ție《ツィエ》 totul《トトゥル》 a《ア》 mers《メルス》 bine《ビネ》.
君のおかげですべてうまくいきました.

ție は tu の与格強形. a merge はこのように，事態の経過や機械などの調子を表すために用いられることがあります. Nu merge.［ヌ メルジェ］と言えば，「うまくいきません，（機械などが）動きません」の意味です. totul は同じ意味で，tot と言うこともあります. Mulțumesc pentru tot!［ムルツメスク ペントル トト］と言えば，「いろいろありがとう！」の意味になります.

15　二回繰り返す否定？

本編で見たように，ルーマニア語の否定文では，否定副詞 nu と否定形容詞を同じ文の中で繰り返します. 否定代名詞や否定副詞の場合も同様です. 二回否定しないと気が済まないのでしょうか？ずいぶんと念の入った表現ですね.

① 否定形容詞

否定形容詞は，不定冠詞を基にしてつくったものなので，格変化は不定冠詞と同じです．否定形容詞には複数形がありません．

	男性・中性	女性
主格・対格	niciun《ニチウン》	nicio《ニチオ》
属格・与格	niciunui《ニチウヌイ》	niciunei《ニチウネイ》

② 否定文の例

N-are《ナレ》 nicio《ニチオ》 scuză《スクザ》. 彼は言い訳ができません.

Nu《ヌ》 ştiu《シュティウ》 nimic《ニミク》. 私は何も知りません.

nimic は「何も～でない」の意味．否定代名詞です．

N-am《ナム》 fost《フォスト》 niciodată《ニチオダタ》 în《ウン》 România《ロムニア》.

ルーマニアには一度も行ったことがありません.

niciodată は「一度もない」の意味．否定副詞です．

16 動作の対象は主語自身！ 再帰動詞

1．再帰代名詞の形

再帰代名詞は，三人称以外は人称代名詞と同じ形です．再帰動詞の原形を挙げる場合，与格の再帰代名詞を伴う場合は三人称形 îşi で，対格の再帰代名詞を伴う場合は，やはり三人称形 se で，代表させます．

	eu	tu	el / ea	noi	voi	ei / ele
与格	îmi《ウミ》	îți《ウツィ》	îşi《ウシ》	ne《ネ》	vă《ヴァ》	îşi《ウシ》
対格	mă《マ》	te《テ》	se《セ》	ne《ネ》	vă《ヴァ》	se《セ》

2. 与格の再帰代名詞を伴う再帰動詞

再帰動詞は対格だけでなく，与格の再帰代名詞を伴うものもあります.

a-şi aminti［アシ アミンティ］「思い出す，覚えている」の例

	主語が単数	主語が複数
一人称	îmi《ウミ》 amintesc《アミンテスク》	ne《ネ》 amintim《アミンティム》
二人称	îți《ウツィ》 aminteşti《アミンテシュティ》	vă《ヴァ》 amintiți《アミンティツィ》
三人称	îşi《ウシ》 aminteşte《アミンテシュテ》	îşi《ウシ》 amintesc《アミンテスク》

※ şi は îşi の省略した形.

Îmi《ウミ》 amintesc《アミンテスク》 de《デ》 dumneavoastră《ドゥムネアヴォアストラ》. あなたのことを覚えています.

3. 再帰動詞の用法

① 前置詞を必要とする目的語を伴うもの

このタイプの再帰動詞には，日常会話でよく使われるものがたくさんあります.

Mă《マ》 pregătesc《プレガテスク》 pentru《ペントル》 examen《エグザメン》.

私は試験の準備をします.（a se pregăti pentru ...「～の準備をする」）

Mă《マ》 căsătoresc《カサトレスク》 cu《ク》 ea《ヤ》.

私は彼女と結婚します.（a se căsători cu ...「～と結婚する」）

Mă《マ》 uit《ウイト》 la《ラ》 televizor《テレビゾル》. 私はテレビを見ます.（a se uita la ...「～を見る」）

文法編

② 受動表現

Se《セ》 închid《ウンキド》 uşile《ウシレ》. ドアが閉まります（ドアが閉められます）.

※ a închide はここでは再帰動詞として用いられています.

③ 主語を明示しない場合

Se《セ》 vede《ヴェデ》 bine《ビネ》 de《デ》 aici《アイチ》.
ここからの眺めはすばらしいです（よく見えます）.

※ a vedea はここでは再帰動詞として用いられています.

4. 形容詞として用いられた再帰動詞の過去分詞

再帰動詞の過去分詞は形容詞として用いられます. a fi と共に用いて, 状態を表します. よく使われるものをいくつか挙げました. 主語は, a se strica が三人称単数, それ以外は一人称単数です.

原形	過去・動作	現在・状態
a《ア》 se《セ》 căsători《カサトリ》 結婚する	M-am《マム》 căsătorit《カサトリト》. 私は結婚しました.	Sunt《スント》 căsătorit《カサトリト》 / căsătorită《カサトリタ》. 私は結婚しています.
a《ア》 se《セ》 grăbi《グラビ》 急ぐ	M-am《マム》 grăbit《グラビト》. 私は急ぎました.	Sunt《スント》 grăbit《グラビト》 / grăbită《グラビタ》. 私は急いでいます.
a《ア》 se《セ》 obişnui《オビシュヌイ》 慣れる	M-am《マム》 obişnuit《オビシュヌイト》. 私は慣れました.	Sunt《スント》 obişnuit《オビシュヌイト》 / obişnuită《オビシュヌイタ》. 私は慣れています.
a《ア》 se《セ》 supăra《スパラ》 怒る	M-am《マム》 supărat《スパラト》. 私は怒りました.	Sunt《スント》 supărat《スパラト》 / supărată《スパラタ》. 私は怒っています.

a《ア》 se《セ》 mulţumi《ムルツミ》 満足する	M-am《マム》 mulţumit《ムルツミト》. 私は満足しました.	Sunt《スント》 mulţumit《ムルツミト》 / mulţumită《ムルツミタ》. 私は満足しています.
a《ア》 se《セ》 îmbrăca《ウムブラカ》 服を着る	M-am《マム》 îmbrăcat《ウムブラカト》. 私は服を着ました.	Sunt《スント》 îmbrăcat《ウムブラカト》 / îmbrăcată《ウムブラカタ》. 私は服を着ています.
a《ア》 se《セ》 strica《ストリカ》 壊れる	S-a《サ》 stricat《ストリカト》. 壊れました.	Este《イェステ》 stricat《ストリカト》 / stricată《ストリカタ》. 壊れています.

※形容詞の後者は女性形です.

17 とてもよく使われる接続法

接続法が多用されるのはルーマニア語の特徴です.

1. 接続法の用法

① 動詞だけでなく，先行する名詞や形容詞に動詞をつなぐこともあります.

Este《イェステ》 nevoie《ネヴォイエ》 să《サ》 te《テ》 odihneşti《オディフネシュティ》 mai《マイ》 mult《ムルト》.
君はもっと休息をとることが必要です.

nevoie [ネヴォイエ] は「必要」の意味の名詞です（→ P.66）. să te odihneşti は a se odihni [ア セ オディフニ]「休息する」の二人称単数形で，接続法です.

Este《イェステ》 interzis《インテルズィス》 să《サ》 fumezi《フメズィ》 aici《アイチ》. ここは禁煙です.

interzis は「禁止された」の意味の形容詞です. să fumezi は a fuma [アフマ]「煙草を吸う」の二人称単数形で，接続法ですが，この文は「君」（親称）に対して言われているわけではありません. ルーマニア語では，主語を明示しない場合，主語を tu にして述べることがあります.

② 目的を表す文で接続法を使います.

Ca《カ》 să《サ》 nu《ヌ》 uit《ウイト》, ... 忘れないうちに（忘れないために）…

③ 動詞の接続法を伴ってよく使われる動詞があります.

Am《アム》 încercat《ウンチェルカト》 să《サ》 renunț《レヌンツ》 la《ラ》 fumat《フマト》, dar《ダル》 n-am《ナム》 reuşit《レウシト》.
禁煙に挑戦しました. でもうまくいきませんでした.

am încercat は複合過去形です（a încerca〔ア ウンチェルカ〕「試みる」）. să renunț は a renunța〔ア レヌンツァ〕「やめる」の一人称単数形で, 接続法です. a încerca のように, 動詞の接続法を伴ってよく使う動詞がたくさんあります. fumat は a fuma〔ア フマ〕「煙草を吸う」の過去分詞で, 名詞的に使われています. reuşit は a reuşi〔ア レウシ〕「成功する」の過去分詞です。

2. 接続法の活用

直説法の活用だけでも大変なのに, さらに接続法の活用まであるのですから, これは困ったと思われる方もいるかもしれません. でも, 心配は無用です. 接続法は, 三人称以外はすべて, 直説法と同じ形を用います. また, 三人称の活用形も単数と複数は同じ形です. 直説法と形が異なる, 接続法の三人称の活用形には三つのパターンがあります. 直説法の語尾が -ă で終わるものは -e の語尾になります. 直説法の語尾が -e で終わるものは -ă の語尾になります. また, 直説法の語尾が -(e)şte で終わるものは -ască の語尾になります. 次に a învăța, a face, a vorbi の例で, 接続法の活用を表にしてみました.

① 三人称単数の語尾が -ă で終わる動詞の場合　a învăța の例

	主語が単数	主語が複数
一人称	să《サ》 învăț《ウンヴァツ》	să《サ》 învățăm《ウンヴァツァム》
二人称	să《サ》 înveți《ウンヴェツィ》	să《サ》 învățați《ウンヴァツァツィ》
三人称	să《サ》 învețe《ウンヴェツェ》	să《サ》 învețe《ウンヴェツェ》

② 三人称単数の語尾が -e で終わる動詞の場合　a face の例

	主語が単数	主語が複数
一人称	să fac サ　ファク	să facem サ　ファチェム
二人称	să faci サ　ファチ	să faceți サ　ファチェツィ
三人称	să facă サ　ファカ	să facă サ　ファカ

③ 三人称単数の語尾が -eşte で終わる動詞の場合　a vorbi の例

	主語が単数	主語が複数
一人称	să vorbesc サ　ヴォルベスク	să vorbim サ　ヴォルビム
二人称	să vorbeşti サ　ヴォルベシュティ	să vorbiți サ　ヴォルビツィ
三人称	să vorbească サ　ヴォルベアスカ	să vorbească サ　ヴォルベアスカ

ヴィジュアル
ルーマニア語
—1—

Familia《ファミリア》

家族

ヴィジュアル
ルーマニア語
—2—

Corpul《コルプル》 omenesc《オメネスク》

人間の身体

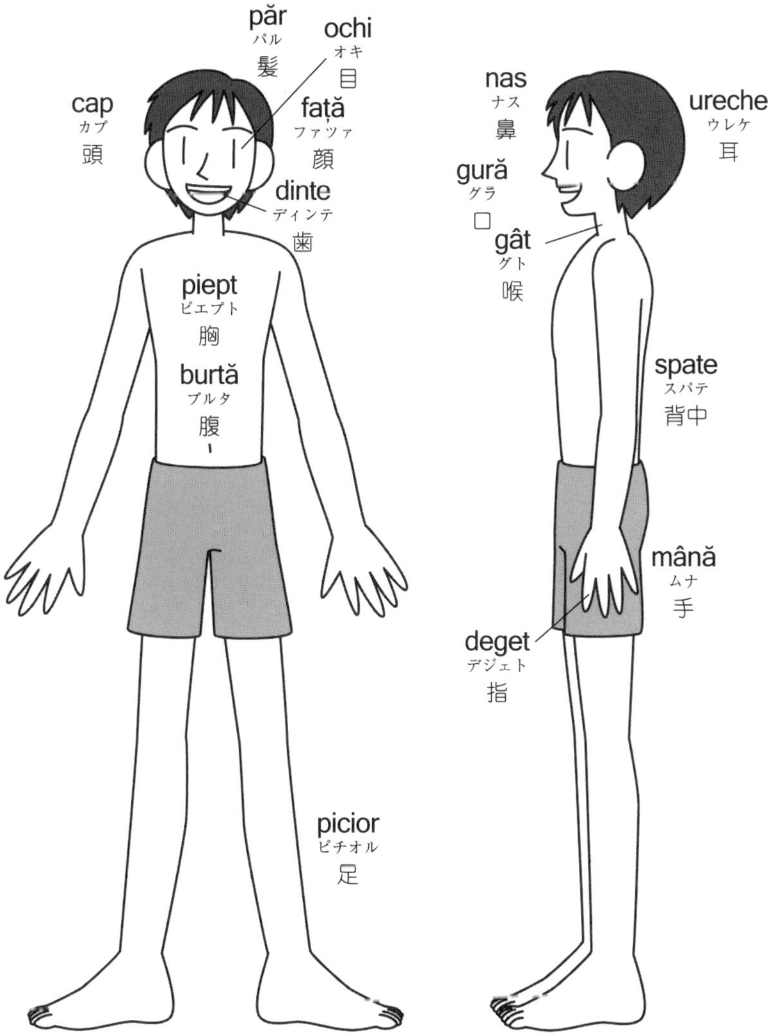

ヴィジュアル
ルーマニア語
— 3 —

Îmbrăcămintea《ウムブラカミンテア》

衣服

ヴィジュアル
ルーマニア語
— 4 —

Locuința《ロクインツァ》

住まい

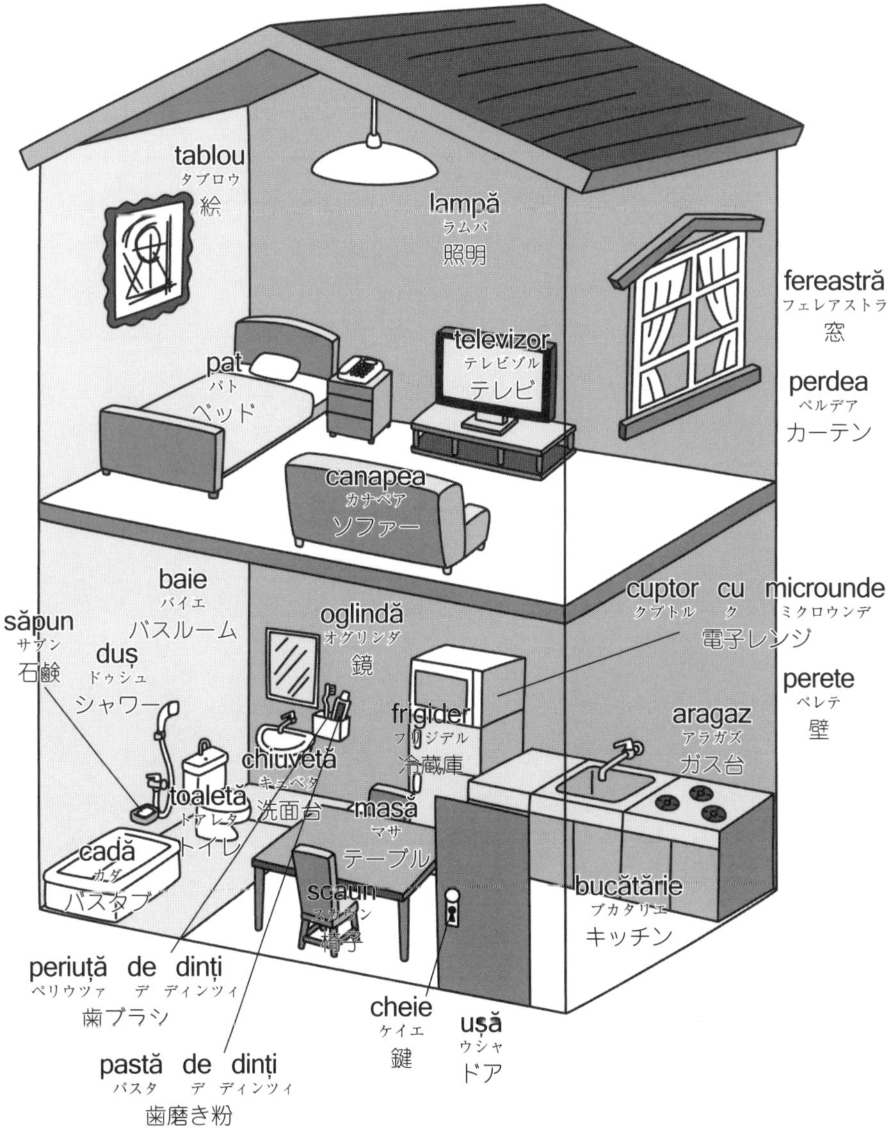

ヴィジュアル
ルーマニア語
—5—

La《ラ》 masă《マサ》

食卓

ヴィジュアル
ルーマニア語
—6—

Alimente《アリメンテ》

食品

ヴィジュアル
ルーマニア語
—7—

În《ウン》 Oraş《オラシュ》

町中

ヴィジュアル
ルーマニア語
—8—

Natura《ナトゥラ》

自然

INDEX

数字は初出のページ，または詳しい説明のあるページを指しています．動詞の現在の活用形は，不規則動詞のみ挙げてあります．再帰動詞は，再帰代名詞が与格の場合は îşi を，再帰代名詞が対格の場合は se を付記して示してあります．また，形容詞の後者で挙げられている形は女性形です．固有名詞は地名のみ挙げてあります．

[男] 男性名詞　[女] 女性名詞　[中] 中性名詞
[複] 複数　[動] 動詞　[助] 助動詞
[形] 形容詞　[副] 副詞　[冠] 冠詞
[前] 前置詞　[接] 接続詞　[人] 人称代名詞
[不] 不定代名詞　[指] 指示代名詞
[否形] 否定形容詞　[否代] 否定代名詞
[所] 所有形容詞　[間] 間投詞　[数] 数詞

A

B

D

E

F

G

H

J

L

M

N

o

p

S

INDEX

U

V

Z

著者略歴

Anca FOCȘENEANU（アンカ・フォクシェネアヌ）

ブカレスト大学外国語学部日本語学科教授。

著者に『ルーマニア語で話そう』（共著）、『ロールプレイで学ぶ日本語会話ーブルガリアとルーマニアで話そうー』（共著）、日本語の翻訳に、川端康成『眠れる美女』『古都』、井上靖『本覚坊遺文』などがある。

飯森伸哉（いいもり のぶや）

東京ドイツ文化センター、メーカー勤務を経て、明治大学などで兼任講師を勤めた。

著者に『ツァロートの道』（中央大学出版部、共著）などがある。

新装版《しんそうばん》

ゼロから話《はな》せるルーマニア語《ご》

2024年 5月20日 第1刷発行

著　者　アンカ・フォクシェネアヌ　飯森伸哉

発行者　前田俊秀

発行所　株式会社三修社

〒150-0001　東京都渋谷区神宮前 2-2-22

TEL 03-3405-4511　FAX 03-3405-4522

振替 00190-9-72758

https://www.sanshusha.co.jp

編集担当　菊池　暁

印刷製本　倉敷印刷株式会社

©Anca FOCȘENEANU, Nobuya IIMORI 2024 Printed in Japan

ISBN978-4-384-06096-6 C0087

音声制作　株式会社メディアスタイリスト

カバーデザイン　山内宏一郎（SAIWAI design）

カバー写真　SCStock/Shutterstock.com

本文イラスト　キモトケンジ

本文写真　ルーマニア大使館

JCOPY〈出版者著作権管理機構 委託出版物〉

本書の無断複製は著作権法上での例外を除き禁じられています。複製される場合は、そのつど事前に、出版者著作権管理機構（電話 03-5244-5088 FAX 03-5244-5089 e-mail: info@jcopy.or.jp）の許諾を得てください。

本書は『CD付 ゼロから話せるルーマニア語』（2010年12月刊行）の新装版です。